LA DEPRESIÓN ~~NO~~ EXISTE

JUAN CARLOS RINCÓN ESCALANTE
CECILIA RAMOS (LA CHÉ)

LA DEPRESIÓN ~~NO~~ EXISTE

Guía para no causar daño cuando hables con una persona deprimida

VERGARA

Papel certificado por el Forest Stewardship Council®

MIXTO
Papel | Apoyando la silvicultura responsable
FSC® C117695

La información contenida en este libro ha sido preparada y publicada con carácter meramente informativo y para apoyar el bienestar físico y mental de toda persona en general. De ningún modo constituye un tratamiento médico ni sustituye las recomendaciones y cuidados de un profesional de la medicina. Las sugerencias descritas en este libro deben seguirse después de consultar a un médico para asegurarse de que sean apropiadas para sus circunstancias individuales. No se garantiza en ningún sentido un resultado específico que una persona haya de obtener en su salud. Si tiene problemas de salud, consulte a su médico. El autor proporciona información o referencia de productos o servicios en materia de salud humana que puede permitir al lector buscar información adicional en relación con recomendaciones y avances en materia de salud y bienestar. Esto no significa que el autor ni el editor avalen, respalden o asuman responsabilidad por la seriedad o idoneidad de terceras personas, entidades, tratamientos o productos en el campo de la salud.

Penguin Random House Grupo Editorial

Primera edición en Vergara: abril de 2021
Tercera reimpresión: octubre de 2024

Printed in Spain – Impreso en España

ISBN: 978-84-18045-82-0
Depósito legal: B-698-2021

Compuesto en Llibresimes

Impreso en Arteos Digital, S. L.
Martorell (Barcelona)

VE 4 5 8 2 A

Para Vita, que me enseñó de valentía;
Lola, que me mostró la resiliencia;
Pichi, quien me contagió su agudeza,
y Pedro, de quien heredé la curiosidad.
No tengo palabras para agradecerles por tanto

JUAN

Para Juan

CECILIA

En primer lugar, los tulipanes son demasiado rojos, me lastiman.
Incluso a través del papel de regalo podía oírlos respirar
levemente, a través de su envoltorio blanco, como un bebé terrible.
Su rojo le habla a mi herida, se corresponden.
Son sutiles: parecen flotar, aunque me hunden,
alterándome con sus súbitas lenguas y su color,
una docena de pesas rojas que me rodea el cuello.

SYLVIA PLATH, «Tulipanes»,
trad. de Mirta Rosenberg
y Alejandro Crotto

ÍNDICE

ANTES DE EMPEZAR

La mejor manera de hablar de depresión es con sinceridad. En este libro hay relatos de situaciones difíciles, sentimientos caóticos y deseos autodestructivos. Aunque están escritos con mucho cuidado y pensando en que cualquier persona (de cualquier edad) debería poder leer estas páginas sin problemas, sé que, si estás pasando por un mal momento, el reconocerte en las palabras que hay a continuación puede causarte angustia. Mi sugerencia es que, si esa es tu situación, no lo leas en este momento. Tu bienestar y tu salud mental son lo más importante, no dejes que nadie te diga lo contrario. Está bien si dejas el libro a un lado y vuelves un día que tengas más calma. No es un acto de debilidad reconocer cuándo necesitamos evitar que nuestra mente sea expuesta a ciertos mensajes.

También quiero que sepas que el contenido de este libro es fruto de largas conversaciones con profesionales de la salud, personas que han padecido la depresión y mi experiencia personal como paciente y periodista. Aunque escribí este libro buscando ser lo más riguroso posible, eso en ningún momento reemplaza las recomendaciones y los cuidados que puede sugerirte un profesional de la medicina. Si estás experimentando síntomas de depresión, por favor, considera ir a terapia (sobre eso hablo en los capítulos 9 y 10).

Nada de lo que hay aquí escrito debe entenderse como un consejo médico, pues yo soy abogado. Lo que hay aquí son solo los aprendizajes de alguien que ha tenido que sufrir las pésimas respuestas que la sociedad les da a las personas deprimidas. Nada más.

Dicho eso, comencemos.

UNA BREVE EXPLICACIÓN DE POR QUÉ TENEMOS QUE DEJAR DE HACER CIERTOS COMENTARIOS DESAFORTUNADOS CUANDO ALGUIEN NOS CUENTA QUE ESTÁ DEPRIMIDO

OTRA VEZ ESTOY PENSANDO EN MORIRME

Me da vergüenza confesarlo,
pero es la verdad.

Quisiera decir que esto es excepcional; que tuve un mal día, que las cosas se escaparon de control y terminé aquí, pensando en morirme, pero que ya se me pasará.

Esa no es la verdad.

Llevo varios días, o mejor semanas, de hecho ya un par de meses, despertándome con ladrillos en el pecho. Su peso no me deja respirar. No encuentro por ningún lado energías para levantarme de la cama. Siento que todo lo que está más allá de la puerta de mi apartamento es un abismo lleno de hostilidad, caos, peligro. En mi cuarto, en mi casa, me siento rodeado por un desastre que me carcome, me tortura, me asfixia. No tengo escapatoria a la zozobra.

Quisiera decir que tengo excusas; que esto que siento se debe a un cúmulo de mala suerte, a un duelo, a un dolor tangible, real. Quisiera poder mostrar una pierna rota y decir: **¡es por esto que no me siento bien hoy!**

PERO NO.

La verdad es que todo en mi vida, en este preciso momento en el que estoy pensando en morirme, marcha bien. Tengo un buen trabajo. Tengo personas que me quieren. Y las quiero. Tengo un hogar. Tengo una rutina de ejercicios que hago religiosamente. Tengo buena comida. Tengo dos gatas preciosas. Tengo antidepresivos que me tomo con criterio.

Y aun así, aquí estoy; aplastado por lo intangible, lo indecible, lo confuso. Sufriendo sin razones, aparentemente.

Quisiera que mi mente dejara de intentar matarme, pero ahí sigue, diciéndome una,

y otra,

y otra,

y otra,

y otra,

y otra vez

todo lo que está mal en mí.

Llevo años sintiéndome así, y he visto cómo las personas que me quieren intentan todas las tácticas para ayudarme. Sin embargo, a veces, muchas veces, MUCHÍSIMAS VECES, sus respuestas me han hecho sentir peor.

Eso me ha llevado a alejarme, a preferir el silencio, a aislarme en mi mente y mi tristeza. Sé que lo mismo les pasa a incontables personas que, como yo, tienen depresión.

POR ESO DECIDIMOS
HACER ESTE LIBRO.

Aquí encontrarás un arsenal de respuestas recurrentes que las personas deprimidas escuchan cuando cuentan cómo se sienten. También verás explicaciones breves (pero ojalá suficientes) de por qué son pésimas formas de contestar al sufrimiento de quien te confía su dolencia. Cada capítulo es una frase que alguna vez hemos escuchado las personas deprimidas.

Es una tragedia constante que la gente de buena fe, que solo quiere ayudar, no se da cuenta de que con sus palabras y sus reacciones están haciendo más daño. **No es que les falte inteligencia ni empatía, sino que vivimos en un mundo que no sabe cómo lidiar con la tristeza propia y ajena.**

Nos cuesta mucho entender las mentes que no funcionan «como deben», como se espera.

Creemos que, después de leer este libro ilustrado, las personas van a tener herramientas para escuchar mejor, acompañar mejor y entender mejor a quienes sufrimos de depresión.

Este libro es para las personas que quieren a personas cuya tristeza y ansiedad no logran entender del todo.

Este libro es para las personas que tienen una tristeza y una ansiedad que los sobrecoge, los aplasta y los deja sin palabras. Tengan o no tengan razones claras para sentirse así.

Este libro quizá te ofenda (un poquito). Quizá te incomode, te haga ver errores del pasado. Pero eso es necesario para empezar a tener mejores conversaciones.

Si entendemos por qué las cosas que decimos son, a veces, muy desafortunadas y causan más angustia, y si dejamos de responder de esas formas tan comunes cuando alguien nos cuenta de su depresión, su ansiedad o su enfermedad mental, vamos a construir un mundo menos hostil. **Más personas podrán dejar de sufrir en silencio.**

Vamos, también, a poder decir con total sinceridad: «Oye, no estás solo». Y eso, en medio del caos y la desazón, es la mejor manera de enfrentar la depresión.

Capítulo

1

NO ESTÉS TRISTE

AH, LISTO.

NO SÉ POR QUÉ

NO SE ME HABÍA

OCURRIDO.

¡ESTOY CURADO!

BUENO,
PERDÓN.

Es que esa frase es tan irritante... y tan recurrente... y tan desafortunada... que solo verla me produce una reacción visceral. Pero vale la pena mirarla de cerca para encontrar por qué es una **pésima respuesta** para cuando alguien te cuenta que está deprimido.

«No estés triste» suena a un acto de compasión. Si la persona es bienintencionada, lo que está diciendo, aunque con muy poca elocuencia, es lo siguiente:

Lamento que estés así. No me gusta. No quiero que estés sintiendo cosas malas. Quisiera detener ya mismo esa sensación y que todo esté bien.

Es un sentimiento bonito, pero es inútil.

Primero, suena como una orden: «**Bueno, ya te he escuchado, deja ya de estar triste**».

Incluso si esa no es la intención, uno se siente atacado. Para una situación tan compleja y frustrante como la depresión, tan difícil de contar, chocar de entrada con la orden de simplemente «dejar de estar triste» es estrellarse contra una pared de cemento. Lo deja a uno aturdido y, muchas veces, **muy irritado.**

Segundo, es una simplificación peligrosa. La tristeza es un sentimiento humano experimentado por todos los tipos de mentes; la depresión abarca un universo de emociones distintas. Sí, en ocasiones la persona deprimida siente «tristeza», pero por lo general lo hace en un grado mucho mayor a lo que se considera «normal».

De pronto es útil imaginarlo de otra manera: piensa en una tristeza común. Supongamos que has sufrido una ruptura amorosa o que no has obtenido algo que deseabas mucho. Lo que sientes es real, incómodo. Te pesa al andar. Pero, si tu mente no está lidiando con la depresión, estás mucho mejor preparado para dimensionar el problema, para enfrentarlo. Tu conversación interna con lo que sientes es manejable y tiene coherencia.

En cambio, la tristeza de la depresión es, en esencia, una realidad abrumadora. No te puedes mover. No puedes entender lo que ocurre. No tienes las herramientas mentales ni físicas para tener conversaciones coherentes con tu estado de ánimo. El abismo te llama y la desesperanza te controla, y tus pensamientos están llenos de ira contra ti mismo, contra el mundo y contra el precepto de seguir con vida.

Incluso si la depresión no ha llegado a ese nivel que te he descrito, las raíces del problema sí están. Por eso es tan complicado para alguien con esa condición simplemente «dejar de estar triste», o verlo todo de la misma forma en que uno se aproximaría al duelo de una relación sentimental. La persona deprimida a menudo se siente desprotegida e incapaz, y esas son sensaciones difíciles de ignorar..

SI LA TRISTEZA COMÚN ES UN RASGUÑO, LA DE LA DEPRESIÓN ES UNA ESPINA DORSAL ROTA.

Si te parece que la comparación es exagerada es porque, por fortuna, no has llegado a sentirlo así. Pero pregúntale a cualquier persona deprimida y te sorprenderás de lo profundas que son sus sensaciones de desazón.

Además, esa tristeza va acompañada de otro montón de síntomas (ansiedad, confusión, resentimiento, debilidad), cada uno exacerbado a tal punto que se vuelven inmanejables. Eso es lo trágico: la ausencia de control y la imposibilidad de darle sus justas proporciones a cada sensación. La persona deprimida está en medio de un torbellino de estímulos nefastos y confusos.

Una vez escribí un artículo sobre cómo se siente el amor mediado por la depresión.* Entrevisté a decenas de personas que padecen la enfermedad o que aman a alguien que está deprimido. Una mujer con depresión me describió así lo que siente:

La depresión me extravió y aún no he podido encontrarme. Es como estar en medio del mar y sentir que, cuanto más braceas, más te hundes. Tengo ataques de ansiedad que te hacen crujir los dientes. Ya no quería despertarme, ya no quería salir. Me costaba tomar decisiones como bañarme, vestirme, verme con alguien. Siempre estaba temblando de nervios.

* Al hablar con las personas deprimidas y con quienes los quieren, una queja constante era la incapacidad de comunicarse. En parte, por eso decidimos hacer este libro. El artículo final fue publicado en la revista *Cromos* y se tituló «¿Cómo es el amor cuando la mente no funciona bien?». Puede consultarse aquí: <https://www.elespectador.com/director-invitado-andres-cepeda/como-es-el-amor-cuando-la-mente-no-funciona-bien>, o, en su defecto, hay una copia en mi página personal: <https://jkrincon.com/2018/12/01/como-es-el-amor-cuando-la-mente-no-funciona-bien/>. Consultado por última vez el 11 de abril de 2020.

Espero que haya quedado claro por qué contestar a ese cúmulo de sensaciones con un «no estés triste» se aleja de ser una buena respuesta.

Pero espera, porque la complejidad no termina ahí.

Te venía hablando de las personas que están «tristes» cuando se deprimen, pero en otros casos, la depresión se manifiesta como la imposibilidad de sentir. No se siente tristeza, pero tampoco felicidad. Es un vacío que se equipara a menudo con estar **«muerto por dentro»**, como si uno fuera un caparazón que no tiene nada en su interior.

Decirle a una persona que se está sintiendo así que «no esté triste» es hablarle en una lengua extranjera que no conoce. «**Listo, no estoy triste**», **puede contestar,** «**pero sigo con el peso abrumador de no sentir nada**». Concentrarse únicamente en la tristeza es un craso error si tu intención es ayudar y, además, te hace parecer agresivo. Solo conseguirás que la persona se aleje de ti, que no es lo que buscamos.

Tercero, y esto es tal vez lo más importante:

ESTAR TRISTE NO SE SOLUCIONA SIMPLEMENTE CON NO ESTAR TRISTE.

Si así fuera, la persona no estaría diciendo que está deprimida. Ya lo habría solucionado... no estando triste **(¡qué gran idea!).**

Contestar así es zanjar la conversación; decirle algo vacío a la persona deprimida, hacerla sentir mal y, probablemente, asegurar que nunca jamás te vuelva a contar cómo se siente. ¿Eso es lo que quieres? Si estás leyendo esto, es probable que la respuesta sea NO; entonces ayúdanos a enterrar de una vez y para siempre esa frasecita.

Como te contaremos a lo largo de este libro, y especialmente en el capítulo final, hay formas mucho mejores de responder, de acercarte a quien está sufriendo y de ser lo que necesita: una escucha llena de empatía.

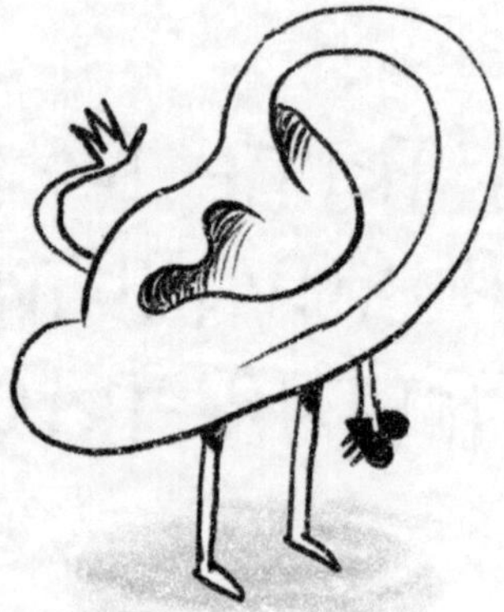

Capítulo

2

PERO SI SE TE VE TAN BIEN

GRACIAS POR EL PIROPO

PERO ACABAS DE TOCAR UNO DE LOS GRANDES PROBLEMAS CON LAS ENFERMEDADES MENTALES, Y EN PARTICULAR

LA DEPRESIÓN:

SUELEN SER INVISIBLES

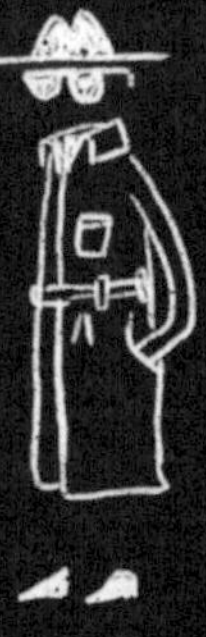

Disfrazar una pierna rota es muy complicado.
En cambio, no hay un prototipo que muestre
el aspecto de una persona con depresión.

De hecho, a menudo el problema es que quien padece la enfermedad no identifica que la tiene. Para llegar a reconocerla, primero debe hacer un proceso interno que es muy difícil, pues no tiene las palabras para entenderlo. Sin ayuda externa, en especial de un terapeuta, las personas van por la vida creyendo que lo que sufren es cualquier cosa menos depresión. Eso genera una sensación constante de angustia, frustración y odio propio: ¿por qué no me siento mejor? Es una pregunta común que se queda sin respuesta.

Muchos de los síntomas de la depresión suelen confundirse con otros males. Si alguien no puede dormir, o si duerme mucho, o si sube de peso, o si lo pierde, o si está desanimado constantemente, o si tiene ansiedad, o si se desespera por nada, o si no sale de su casa, o si deja de hablar con otras personas, o si consume mucho alcohol, o si consume muchas drogas, o si se autolesiona... el primer instinto es ver cada uno de esos síntomas como el problema en sí. Quienes los padecemos, o las personas que nos rodean, rara vez rastreamos que la raíz está en otra parte.

Es más, esos síntomas suelen ser engañosos o se disfrazan con facilidad. Alguien puede ser muy bueno en ocultar su ansiedad, sus trastornos alimenticios o sus patrones de consumo de ciertas sustancias.

TAMBIÉN ES MUY FÁCIL FINGIR QUE SE ESTÁ BIEN.

Como la depresión se lleva por dentro, la tragedia la carga la persona deprimida, en silencio. No queremos que nos veas, no queremos que nos notes.

La sociedad ha sido siempre tan hostil con las enfermedades mentales, y ha tenido tantos prejuicios, que a uno le da vergüenza sentirse como se siente, y tiene miedo de que lo descubran.*

Yo tengo una práctica propia: en mis peores días, cuando me despierto incapaz de levantarme de la cama, cuando no dejo de tener pensamientos violentos en mi contra, cuando me digo una y otra vez que debería destruirme porque nada dentro de mí es valioso para el mundo, es cuando mejor me visto.

* Cada vez hay más entendimiento y disposición sobre el tema, eso es cierto. Este libro no podría existir sin todos los que lo precedieron, sin los productos culturales que han enfrentado la depresión y ayudado a humanizarla. Precisamente por eso decidimos hacer esto: para aportar un poco a que tengamos mejores conversaciones. ¿Seremos capaces de dejar para siempre en el pasado los diálogos fallidos por culpa del tabú, de los prejuicios? La respuesta tiene que ser afirmativa para que salvemos más vidas, para que dejemos de sentirnos tan solos.

Como no puedo pensar, tengo una rutina predeterminada:

USO LA MISMA CAMISA BLANCA, CON UN TRAJE NEGRO, SIN CORBATA, CON LOS ÚNICOS ZAPATOS FINOS QUE TENGO, CON UN RELOJ, UN ANILLO Y UN BUEN PERFUME.

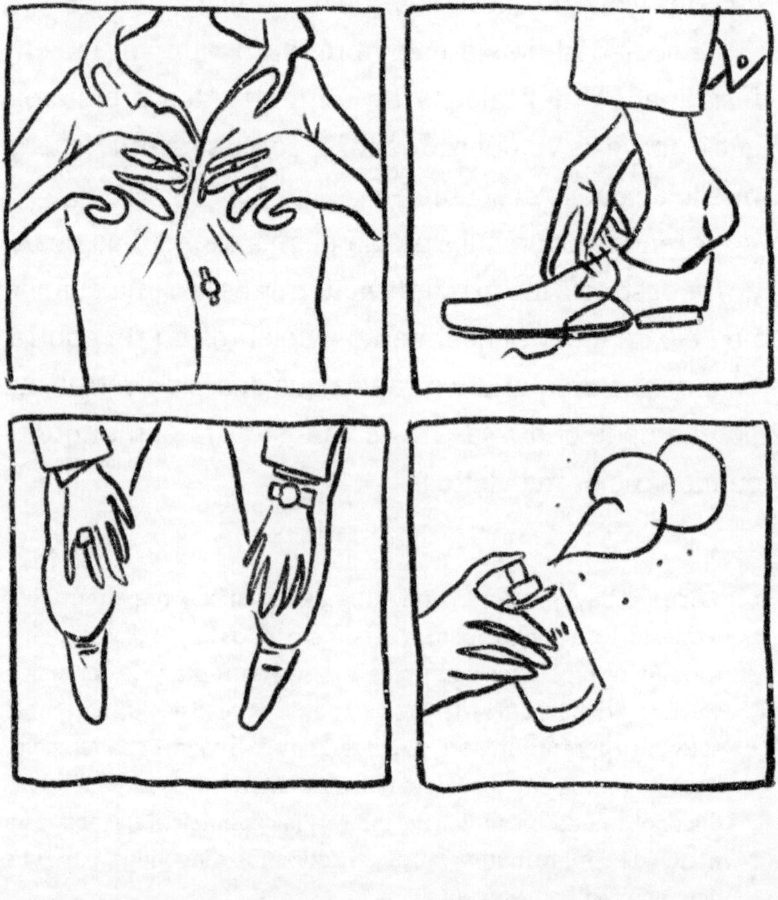

Así salgo al mundo: muerto por dentro, librando cuarenta guerras internas al mismo tiempo, distraído, estando sin estar, pero cumpliendo con los estereotipos de un hombre normal, exitoso, capaz. Es mi camuflaje y mi resistencia.

Ahí es cuando me han dicho, con sinceridad: «**¡Pero si se te ve tan bien!**».

Y ahí es cuando quiero gritar:

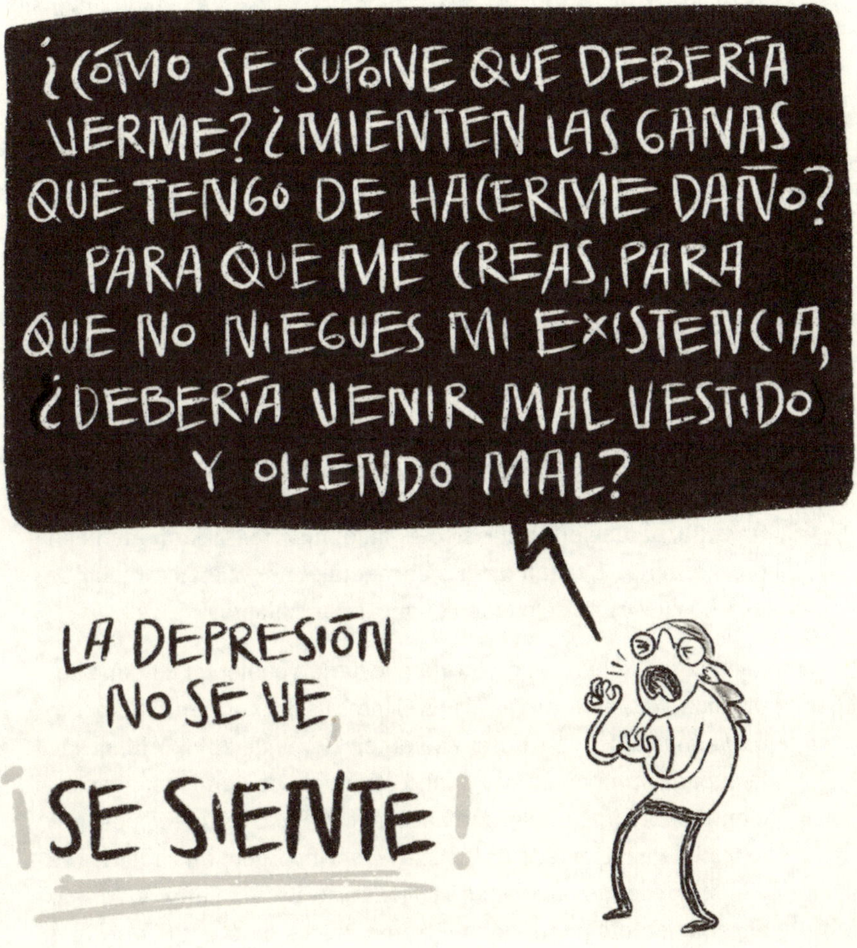

Esta es una frustración constante para las personas deprimidas con las que he hablado y a las que he leído.*

Muchas hemos deseado, en secreto y con dolor, tener una enfermedad «real» para no tener que estar probando a cada momento lo mal que nos sentimos. Por «real» nos referimos a una enfermedad visible: un brazo roto, una varicela, cualquier alteración que no le deje duda al resto del mundo de que hay algo que anda mal y que merece atención y respeto.

En su libro *El demonio de la depresión*,** Andrew Solomon cuenta que, en el peor momento de su enfermedad, intentó contagiarse de VIH. Tenía dos propósitos: suici-

* Esto me dijo una persona que entrevisté para el artículo de *Cromos*: «Es relativamente fácil imaginar cómo se siente un golpe o una fractura, porque el dolor físico es algo muy "real", por ponerlo en esos términos. Las enfermedades mentales no generan eso, porque muchas veces no se pueden explicar con palabras».

** La mejor recomendación que puedo darle a cualquier persona deprimida o que esté interesada en el tema es que compre *El demonio de la depresión*, de Andrew Solomon (Planeta, 2015). Allí, desde la experiencia personal, y acompañándolo de una investigación científica rigurosa, Solomon hace algo mágico: le agrega poesía a lo terrible. El resultado es un atlas científico, pero que además se siente en el corazón gracias a su lenguaje. Es un relato construido desde la empatía y el dolor. En mis peores momentos, vuelvo a releer el primer capítulo y el último de ese libro. Me recuerda la magnitud de lo que enfrentamos, pero también me da herramientas para resistir.

darse contrayendo una «enfermedad real» y tener algo que la gente entendiera con facilidad.

Ese es el nivel de desespero al que podemos llegar.

Por eso lo que necesitamos es que dejes de pensar en las apariencias como señal de que todo está bien y que comprendas que siempre debes preguntar, ir más allá. Lo ideal es cuestionar las máscaras que las personas deprimidas utilizamos para protegernos y que sirven como cómplices de los peores sufrimientos, pues nos ayudan a pasar desapercibidos. Una humanidad que sepa que la depresión es excelente ocultándose puede estar más alerta, abrir más puertas y oportunidades para que las personas confiesen cómo se sienten. ¿No deberíamos todos perseguir ese objetivo? Así, tal vez, las personas deprimidas vamos a dejar de soñar con tener una enfermad más «visible» para ver si de esa manera el mundo nos reconoce y nos da la mano para enfrentar lo que sentimos.

Capítulo

3

¿POR QUÉ ESTÁS ASÍ SI LO TIENES TODO EN LA VIDA?

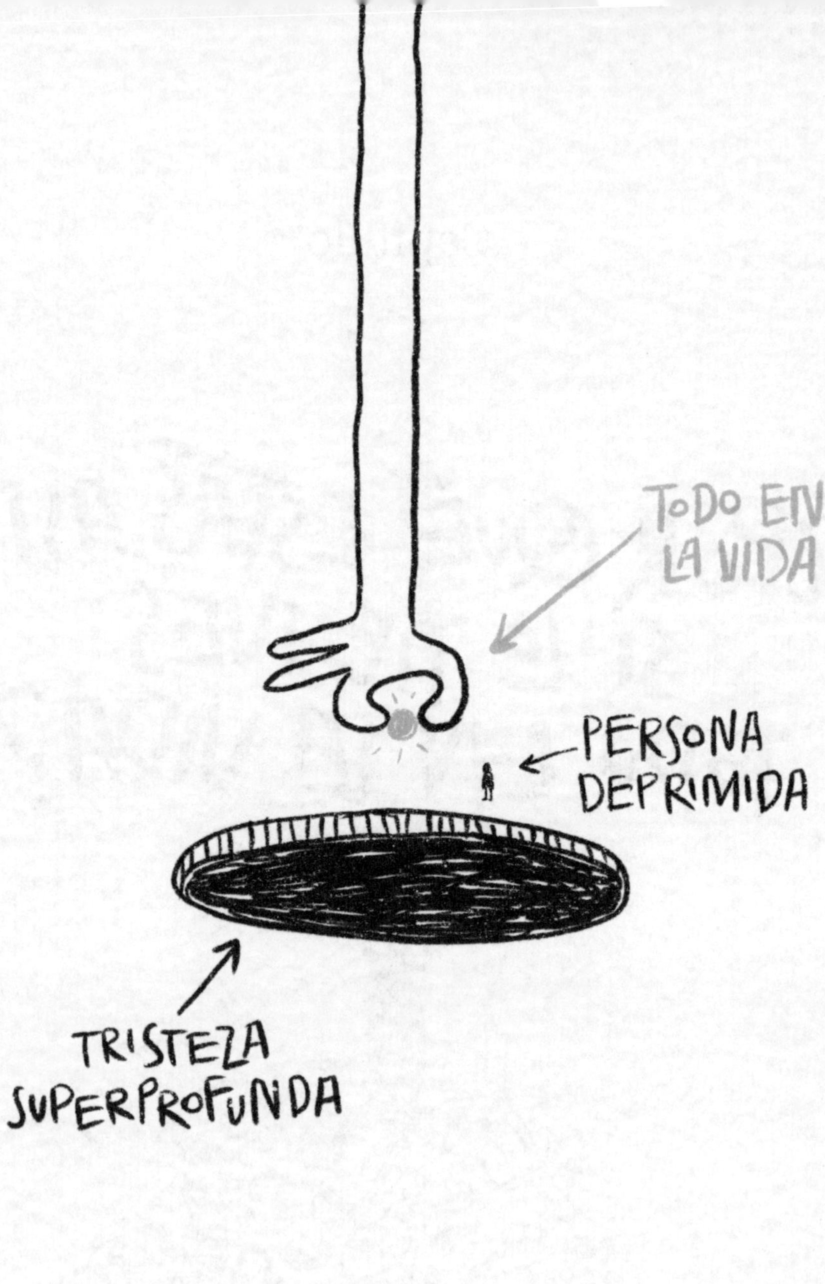
TODO EN
LA VIDA
PERSONA
DEPRIMIDA
TRISTEZA
SUPERPROFUNDA

Esta frase es un martirio. En mi cabeza siempre suena así: «**Eres un maldito desagradecido**». Me hace sentir culpable, me refuerza el odio que siento hacia mí mismo y niega cómo me siento. ¿Es eso lo que querías lograr? No, ¿verdad?

La idea de «**tenerlo todo en la vida**» es un espejismo engañoso. Presupone que cuando alguien tiene ciertos privilegios, no hay motivo alguno para justificar su tristeza o malestar. Usualmente, quien dice esta frase es, también, quien define en qué consiste ese «**todo**». En definitiva, es como si dijera: «**Yo creo que tú ya has recibido todo lo que uno puede pedirle a la vida y estás siendo un *quejica***». Y esto lo que hace es ningunear la depresión y quitarle validez. ¡Cuánta arrogancia!

Lo angustiante es que la persona deprimida termina comprando ese discurso. No sé cuántos años de mi vida perdí odiándome por sentirme mal a pesar de tenerlo todo en la vida. Listo, sí, digamos que estaba bañado en privilegios: ¿por qué, de todas maneras, quería lastimarme? ¿Por qué mi mente no hacía más que decirme que merecía morir? ¿Por qué ciertas cosas pequeñas me despertaban una ansiedad insoportable que me paralizaba? ¿Qué podía hacer si el hecho de recordarme lo afortunado que era no parecía funcionar para dejar de sentir dolor?

Ahora sé que la depresión no puede entenderse en términos de lo que se tiene y lo que no.

Desde el punto de vista de las causas, hay dos maneras de llegar a un estado depresivo. La primera es que haya uno o varios detonantes: algo ocurrió, o sigue ocurriendo, y lleva a la depresión.* En ese caso, la persona deprimida no lo tiene todo en la vida, por lo que esta sentencia no solo es errónea, sino que es cruel. Por ejemplo, si ha experimentado un cambio profundo en su vida (murió alguien cercano, perdió su empleo, se rompió una relación que prometía ser el amor de su vida) o sufrió un accidente, lo que está sintiendo es suficiente para abrumar su percepción de la realidad. Por más que haya aspectos de su existencia que sigan «perfectos» (digamos, se rompió la relación, pero en el trabajo lo ascendieron), una sola razón es suficiente para desencadenar todos los efectos perversos de un estado depresivo severo. Decirle que piense en

* *Causes of Depression*. WebMD. Disponible en <https://www.webmd.com/depression/guide/causes-depression#1>. Consultado por última vez el 28 de abril de 2020.

lo positivo es una estrategia insuficiente cuando la causa de su dolor es ineludible y lo está arrastrando hacia el abismo.

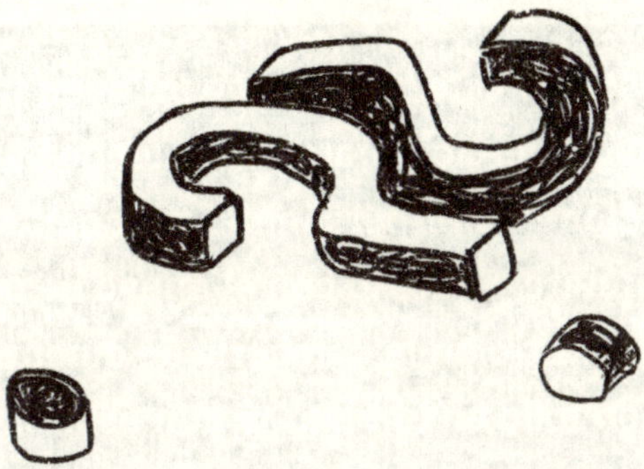

La segunda es la más incomprendida, la que genera más estigma y la que es más difícil de sobrellevar: no hay causa. Sí, eso pasa. Muy a menudo. Personas que se sienten mal sin tener motivos aparentes. Hay que aclarar algo: es probable que, dentro de la mente, sí haya una causa, pero la verdad es que a estas alturas del partido la ciencia todavía no ha logrado rastrear muy bien las conexiones complejas que llevan a la depresión. Sobre eso vamos a profundizar en los capítulos de este libro sobre la terapia y la medicación. Pero lo importante aquí es que, para la persona deprimida, no hay un motivo objetivo que sea fácil de explicar para justificar sus sentimientos. Que no lo pueda articular, sin embargo, no significa que no exista la depresión. Mira mi ejemplo:

Un estudio dice que «casi una de cada cinco personas va a experimentar un episodio depresivo severo en algún punto de su vida».* En muchos de esos casos, la causa es un desequilibrio químico que no tiene un detonante claro. La estructura del cerebro, la predisposición genética y los factores ambientales pueden hacer que esto ocurra. En castellano sencillo: **le puede pasar a cualquiera y no sabemos muy bien por qué.**

¡Y tú pidiéndoles a las personas que sufren depresión que expliquen su tristeza!

Eso es un motivo de angustia adicional, porque uno sí quisiera tener razones para estar así, para explicarse. Sería más fácil. ¿A quién le va a gustar sentirse tan mal y ni siquiera poder articular por qué? Nadie está orgulloso de verse secuestrado por la tristeza y la ansiedad; de no poder moverse de la cama; de no tener la energía para socializar, para trabajar, de tener tantos pensamientos negativos todo el tiempo. Duele que alguien te pregunte por qué te sientes así y tú solo puedas balbucear, bajar la cabeza.

* Kessler, R.C., Berglund, P., Demler, O., *et al. The Epidemiology of Major Depressive Disorder: Results from the National Comorbidity Survey Replication (NCS-R).* JAMA 2003; 289: 3095-105., citado por Marije aan het Rot, Sanjay J. Mathew y Dennis S. Charney en «Neurobiological Mechanisms in Major Depressive Disorder», publicado en *The Canadian Medical Association Journal* (CMAJ) y disponible en: <https://doi.org/10.1503/cmaj.080697>. Consultado por última vez el 11 de abril de 2020.

Todo el tiempo me encuentro a mí mismo pensando: si tan solo supiera por qué estoy como estoy, podría tener la esperanza de corregir lo que está mal, de mejorar, de trabajar para alejarme del abismo.

PERO NO FUNCIONA ASÍ.

Jim Carrey, el actor, estaba describiendo en una entrevista su experiencia con la depresión, con la tristeza y con la búsqueda del sentido en su vida. Fue ahí cuando dijo algo que nos sirve para resumir lo que busco decirte con este capítulo:

«Pienso que todo el mundo debería volverse rico
y famoso y hacer todo lo que alguna vez soñó para
que así vea que esa no es la respuesta».

Capítulo

4

HAY GENTE QUE ESTÁ MUCHO PEOR QUE TÚ

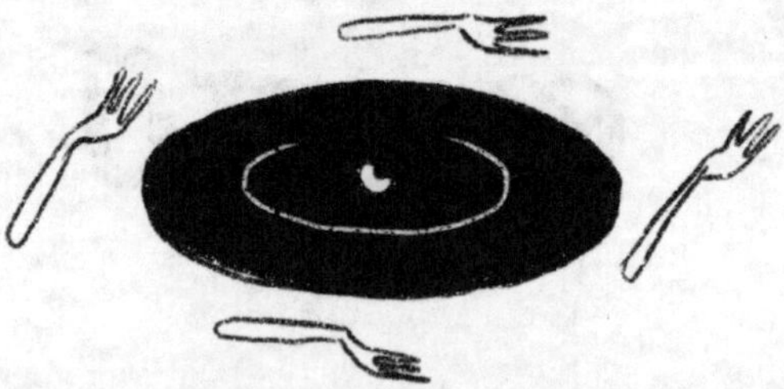

Se supone que esta frase debe dar perspectiva, ¿no? La lógica iría así: hay personas que tienen sufrimientos inconcebibles, cuyas vidas están marcadas por la tragedia, y eso debería servirte para darte cuenta de que lo que sientes no es tan grave.

«Deja de sentirte triste, mira que hay gente muriéndose de hambre.»

El problema es que eso no tiene nada de lógico. Llevemos el argumento al extremo. Si el consuelo para una tristeza es que hay alguien peor, ¿eso no significaría que, en todo el mundo, solo habría una persona autorizada para sentirse mal?

Piénsalo: sin importar lo mal que esté una persona, siempre puede encontrar alguien que esté en condiciones «peores», y ese alguien también puede encontrar a otra persona que esté más grave, y así... hasta llegar a la persona más desdichada de la Tierra. Ella, y solo ella, tendría derecho a expresar su miseria.

PERSONA
MÁS DESDICHADA
DE LA TIERRA

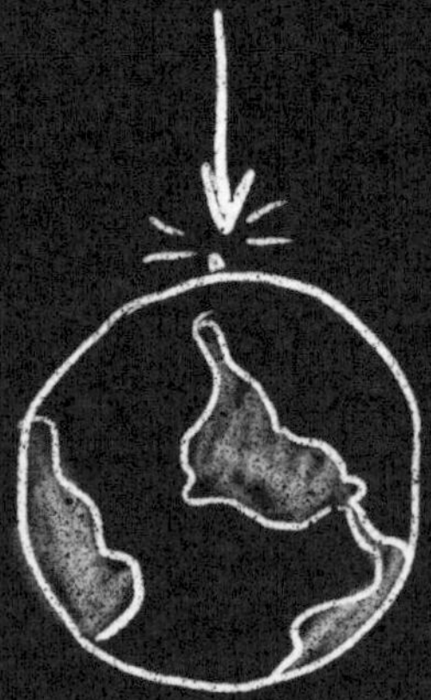

Comparar tristezas y sufrimientos es mezquino. Lo convierte en una competición: solo aquel que esté peor puede quejarse.

Imagínate: alguien dice «estoy mal».

Otro le contesta: «no puedes estar mal, yo estoy peor».

Ahí aparece alguien más: «ninguno de vosotros puede estar mal, yo soy el que tiene el verdadero sufrimiento».

Ahí aparece otro.

Y otro.

Y otro.

Y otro.

No es broma lo de la persona más desdichada del planeta: solo quien tenga las peores circunstancias en todo el planeta Tierra tiene derecho a quejarse, porque al malestar de los demás contestamos: «piensa que hay alguien peor, sé agradecido».

Eso sin hablar de la verdadera dificultad en toda esta dinámica: ¿cómo definimos quién tiene la situación más grave? Los dolores y las tragedias son totalmente personales. La manera en que tú reaccionas a una realidad depende de todo lo que has vivido, las maneras que has sentido, el cansancio acumulado que llevas por dentro y la escala de valores que utilizas para clasificar el mundo.

Entrar en la lógica de ver quién sufre más, quién está peor, necesariamente nos lleva a tener que comparar tragedias. Si una persona está haciendo duelo porque su madre murió y otra está triste porque le acaban de diagnosticar una enfermedad complicada, ¿cuál de los dos está más grave?

¿Importa, en realidad, quién está más grave? Me parece que no.

Entiendo por qué este argumento de que hay gente peor es tan común: suele apelar a nuestros instintos de querer mostrarnos agradecidos. Nos activa de inmediato la culpa, la conciencia del privilegio y el reflejo que tenemos de no querer parecer unas personas malcriadas, desconsideradas con los sufrimientos del mundo. Pero no deja de ser un espejismo: por más que haya gente mucho peor, nuestro sufrimiento sigue igual de real, igual de presente, igual de ineludible.

Algo maravilloso de los humanos es que somos capaces de expandir la empatía más allá de nuestros puntos ciegos. Sí, nos duelen las personas que pasan hambre, quienes han caído en desgracia en el nefasto juego de la desigualdad social, aquellos que, en un momento dado, parecen estar en peores condiciones que nosotros. Pero **ser conscientes de eso no soluciona en nada nuestros problemas individuales.**

Lo mejor que podemos hacer es ser solidarios con quienes lo pasan mal, por la razón que sea, pero también tener autocompasión con nosotros mismos. No sentir lástima por nuestro dolor, sino apreciarlo, entenderlo y respetarlo. Que nos importe el mundo y que nos importe nuestra mente problemática no son sentimientos contradictorios, son resultados directos del mundo que hemos creado y que nos tocó vivir.

Si comparar tristezas no soluciona nada y solo logra que la persona deprimida se sienta juzgada por ser desagradecida, hay mejores respuestas. Quedarnos en que «hay gente peor» **es un pensamiento inútil.**

Lo único que hace esta frase es que la persona deprimida se sienta peor (ya estás viendo un patrón en este libro, ¿cierto?).

Uno se siente desagradecido, por supuesto: ¿cómo es que hay gente «feliz» pese a haber vivido tragedias y yo no puedo levantarme de la cama porque tengo una enfermedad que ni siquiera sé muy bien cómo funciona? ¿Cómo es que mi ansiedad me paraliza, cuando hay prisioneros políticos que siguen criticando a las dictaduras que los capturaron?

De ahí al desdén propio hay un paso: ¿ves como eres un idiota, debilucho y caprichoso que no es capaz de ver las bendiciones que tiene? ¿Ves como eres un desagradecido? ¿Ves como tu problema es de actitud? ¿Ves como deberías odiarte? **La mente deprimida tiene una habilidad impresionante para entrar en esos círculos viciosos** de pensamientos negativos que van empeorando y empeorando y empeorando. Salir de ahí, una vez que ha empezado, es muy difícil.

Por eso es tan importante evitar las comparaciones. La pregunta de fondo que te hago es esta: ¿lo que quieres es que la persona se sienta mejor? Si es así, mostrarle que hay otros casos peores que el suyo no es la manera. Alejas el tema de las particularidades individuales de su depresión, pues te pones a hablar de otras personas que están mal, y en el proceso lo que ocasionas es un sentimiento de culpa. Por tener buenas intenciones, terminas alimentando los pensamientos autodestructivos de quien estaba buscando ayuda. Podemos ser más inteligentes y, especialmente, más empáticos, si empezamos por respetar lo que el otro siente y evitar cualquier comparación.

Capítulo

5

LA DEPRESIÓN NO EXISTE, ES UNA MODA: TODO ESTÁ EN TU CABEZA

FAKE NEWS
LA DEPRE-
SIÓN NO
EXISTE

Qué violencia. Alguien te acaba de decir que se siente terrible, que le cuesta existir, que no logra confiar en su cerebro, que está lleno de pensamientos negativos y dolorosos, y tu respuesta es... «¡Eso es un invento!».

Ese es uno de los estigmas principales en torno a la depresión: que es una moda, un defecto de carácter, una mentira que la gente se cuenta para no tener que enderezar su vida.

Es totalmente falso.

Los humanos tenemos una larga historia de enfrentarnos a la depresión; esta ha sido reconocida por el *Manual diagnóstico y estadístico de trastornos mentales* —que es la referencia que los médicos de todo el mundo utilizan para identificar enfermedades— como un trastorno serio.* Como explica el portal especializado *PSYCOM*, a propósito de lo que dice el *Manual*, «aquellos que sufren

* *Manual diagnóstico y estadístico de trastornos mentales*, quinta edición, American Psychiatric Association (2013).

depresión experimentan sentimientos persistentes de tristeza y desesperanza y pierden interés en actividades que antes disfrutaban. Además de los problemas emocionales causados por la depresión, los individuos también pueden presentar síntomas físicos como dolor crónico o problemas digestivos».*

Si todavía no estás convencido, déjame darte cifras. Pero antes, una advertencia: en los próximos párrafos vamos a discutir situaciones límite que incluyen el suicidio. Si estás pasando por un mal momento, puedes saltarte lo que sigue. Para quienes estamos deprimidos, sentarnos a leer sobre la prevalencia de la enfermedad puede tener efectos negativos. Tu salud es lo importante, así que nos vemos en el próximo capítulo.

Dicho eso, empecemos.

Voy a usar las cifras de la Organización Mundial de la Salud (**OMS**),** que se ha encargado de recolectar datos de todos los países y sistematizarlos. Los resultados son abrumadores:

* Jessica Truschel, *Depression Definition and DSM-5 Diagnostic Criteria*, disponible en <*https://www.psycom.net/depression-definition-dsm-5-diagnostic-criteria/*>. Consultado por última vez el 19 de abril de 2020. La traducción es nuestra.

** *Depresión*, informe de datos por la Organización Mundial de la Salud. Puedes encontrar toda la información actualizada entrando en: <*https://www.who.int/es/news-room/fact-sheets/detail/depression*>. Consultado por última vez el 19 de abril de 2020.

Hay más de 300 MILLONES de personas en el mundo que padecen depresión.

Para que te hagas una idea, eso es casi el 75% de la población total que vive en Sudamérica.*

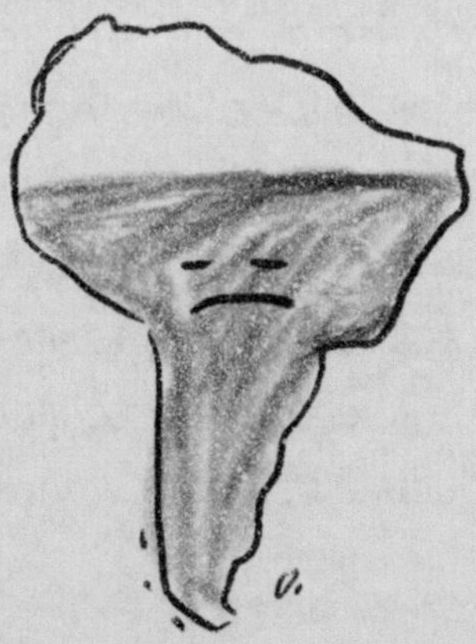

* Según la información del medidor Worldometer, en los países de Sudamérica hay poco más de 430 millones de personas. Se puede consultar la cifra actualizada en <https://www.worldometers.info/world-population/south-america-population/>. Consultado por última vez el 2 de mayo de 2020.

Además, las características de quienes padecen la enfermedad son muy variopintas. **En síntesis, la depresión le pasa a gente de todas las condiciones sociales, en todos los países y de todas las edades.** Eso incluye a personas de la tercera edad, pues el 7 % de los mayores de 60 años la experimentan,* y también a niños: uno de cada veinte menores de 12 años la sufre (esa cifra aumenta casi al doble, a medida que llegan a la adolescencia).

Sobre eso último, la OMS cuenta que «la depresión es la cuarta causa principal de enfermedad y discapacidad entre los adolescentes de edades comprendidas entre los 15 y los 19 años, y la decimoquinta entre los de edades comprendidas entre los 10 y los 14». ¿Y qué importancia tiene eso? Pues resulta que «los trastornos emocionales pueden afectar profundamente al rendimiento académico y la asistencia escolar. El retraimiento social puede exacerbar el aislamiento y la soledad. En el peor de los casos, la depresión puede conducir al suicidio». Además, «el suicidio es la

* La Organización Mundial de la Salud dice que «La depresión unipolar afecta a un 7 % de la población de ancianos en general y representa un 5,7 % de los años vividos con una discapacidad entre las personas de 60 años de edad y mayores». «La salud mental y los adultos mayores», disponible en <https://www.who.int/es/news-room/fact-sheets/detail/la-salud-mental-y-los-adultos-mayores>. Consultado por última vez el 19 de abril de 2020.

tercera causa de muerte entre los adolescentes de mayor edad (15 a 19 años)».*

Repitamos esa información terrorífica: el suicidio es la tercera causa de muerte entre adolescentes.

Viendo esas cifras y las consecuencias de la depresión, te pregunto:

Hablemos un poco más del suicidio, porque hay información importante que deberías conocer.

* «Salud mental del adolescente», disponible en <https://www.who.int/es/news-room/fact-sheets/detail/adolescent-mental-health>. Consultado por última vez el 19 de abril de 2020.

En el último medio siglo, la tasa de suicidios en todo el mundo ha aumentado en un 60%

Cada 40 segundos una persona se quita la vida.

Al año, son unas 800.000 personas en todo el mundo las que perdemos por suicidios.

En ese mismo tiempo, se estima que ha habido unos 16.000.000 de intentos de suicidio.

Esas son más muertes que por **malaria**, **cáncer de mama** o **guerras**.*

No todos los suicidios se deben a la depresión, pero los estudios indican que las personas que experimentan depresión severa tienen más posibilidades de morir por suicidio que aquellos que no están deprimidos. Según el Departamento de Salud y Servicios Humanos de Estados Unidos (U.S. Department of Health & Human Services, en inglés), «la nueva información sobre depresión que ha acompañado a las personas durante largos períodos de tiempo sugiere que cerca del 2 % de aquellos que han sido tratados por depresión morirá por suicidio». Aquellos que han sido internados en un

* «La OMS dijo que cerca de 800.000 personas mueren por suicidio cada año, más que quienes mueren por malaria, cáncer de mama o por guerras u homicidios, y lo calificó como un "problema grave de salud pública mundial". El organismo de la ONU dijo que solo 38 países tienen estrategias de prevención del suicidio.» «Una persona se suicida cada 40 segundos, según la OMS.» *CNN en español*. Disponible en <https://cnnespanol.cnn.com/2019/09/09/una-persona-se-suicida-cada-40-segundos-segun-la-oms/>. Consultado por última vez el 19 de abril de 2020.

hospital por depresión tienen una tasa de suicidio del 4 %, y cuando han expresado algún tipo de ideación suicida, el número aumenta al 6 %.*

En Colombia, la información que tenemos sobre salud mental no es tan buena, pero las cifras también son alarmantes. El Estudio Nacional de Salud Mental que hicieron en 2015 encontró que cuatro de cada diez personas han sufrido o sufrirán alguna vez en la vida un trastorno mental.** Entre 2005 y 2014, «el sistema médico legal colombiano presentó 18.336 registros por suicidio, es decir, 1.833 casos de media al año».*** En 2019, Medicina

* «Does Depression Increase the Risk for Suicide?». Disponible en: <https://www.hhs.gov/answers/mental-health-and-substance-abuse/does-depression-increase-risk-of-suicide/index.html>. Consultado por última vez el 19 de abril de 2020.

** El dato es sobre personas entre los 18 y los 65 años. La Encuesta Nacional de Salud Mental 2015 fue realizada por el Ministerio de Salud y Colciencias y es la primera que hacían desde 2003, entonces sirvió de actualización para los datos en Colombia. Los resultados completos pueden consultarse en <http://www.odc.gov.co/Portals/1/publicaciones/pdf/consumo/estudios/nacionales/CO031102015-salud_mental_tomoI.pdf>. Consultado por última vez el 19 de abril de 2020.

*** «Suicidio en Colombia». *Así vamos en salud*. Disponible en <https://www.asivamosensalud.org/salud-para-ciudadanos/suicidio-en-colombia>. Consultado por última vez el 19 de abril de 2020.

Legal hablaba de seis personas que morían por suicidio cada día en el país.*

Lo más frustrante es que muchas de esas muertes, ligadas a la depresión, podrían evitarse, pues esta enfermedad tiene tratamiento. En parte por eso pensamos que este libro es necesario: si seguimos creyendo que es un invento, estamos obstaculizando que las personas deprimidas reciban la ayuda que necesitan. Según la OMS, «el estigma, particularmente en torno a los trastornos mentales y el suicidio, disuade de buscar ayuda a muchas personas que piensan en quitarse la vida o han tratado de hacerlo».** ¿No es terrible que eso pase? ¿No te enfurece saber que podríamos haber salvado muchas vidas si las personas no tuviesen pánico de pedir ayuda?

Mira esta cifra de la OMS:

Más del 90% de las personas que padecen la enfermedad no recibe ningún tipo de ayuda.

* «El suicidio cobra seis víctimas diarias en Colombia», *El Tiempo* (9 de septiembre de 2019). Disponible en <https://www.eltiempo.com/salud/dia-mundial-de-la-prevencion-del-suicidio-y-situacion-en-el-mundo-y-colombia-410584>. Consultado por última vez el 2 de mayo de 2020.

** «Suicidio», disponible en <https://www.who.int/es/news-room/fact-sheets/detail/suicide>. Consultado por última vez el 19 de abril de 2020.

Las cifras de salud mental en Europa también son abrumadoras. Un informe publicado en 2018 por la Organización para la Cooperación y el Desarrollo Económicos (OCDE) estima que una de cada seis personas en la Unión Europea sufre de problemas de salud mental, que incluyen «depresión, desórdenes de ansiedad y abusos de alcohol y sustancias».* En España, datos de la Confederación de Salud Mental de España y la Fundéu BBVA, de 2019, establecen que «el 6,7 % de la población del país está afectada por la ansiedad, exactamente la misma cifra de personas con depresión. En ambos casos la prevalencia es más del doble en mujeres (9,2 %) que en hombres (4 %)».** Además,

* Aunque hablar de salud mental en términos económicos es una aproximación muy problemática, el informe de la OCDE propone un argumento rotundo para que los países dejen de menospreciar los tratamientos adecuados: «El reporte estima que los costos totales de una mala salud mental son superiores a los 600.000 millones de euros —más del 4 % del PIB— en los 28 países de la Unión Europea». Estos datos incluyen a Inglaterra. «Mental Health Problems Costing Europe Heavily», *OCDE*. Disponible en: https://www.oecd.org/newsroom/mental-health-problems-costing-europe-heavily.htm. Consultado por última vez el 17 de enero de 2021. La traducción es nuestra.

** «La salud mental en cifras», *La Vanguardia*. Disponible en: https://www.lavanguardia.com/vida/20190403/461443530430/la-salud-mental-en-cifras.html#:~:text=En%20Espa%C3%B1a%3A,tiene%20un%20trastorno%20mental%20grave. Consultado por última vez el 17 de enero del 2021.

dos millones de jóvenes de entre 15 y 29 años han presentado síntomas de trastorno mental. Esto supone el 30 % de la población española de esta franja de edad.

Estos datos, por cierto, están aumentando. Como referencia, en 2015 la OMS estimó que el 5,2 % de la población española, unos 2.408.700 de personas,* padecieron depresión. El problema ha empeorado y seguirá teniendo consecuencias nefastas para la salud pública de la población.

Pese a ser un problema desde hace décadas, los gobiernos no lo han visto como una prioridad. La OMS encontró que los sistemas de salud no tienen los recursos para atender la salud mental como es debido y que el personal médico no está bien capacitado. Los estigmas son tan pesados que incluso pasa algo inaceptable: las evaluaciones clínicas las hacen mal. Como explica la OMS, «en países de todo tipo de ingresos, las personas con depresión a menudo no son correctamente diagnosticadas, mientras que otras que en realidad no la padecen son a menudo diagnosticadas erróneamente y tratadas con antidepresivos».** ¡Imagínate!

* «En España 2,4 millones de personas sufren depresión, el 5,2 % de la población», *Agencia Efe*. Disponible en: https://www.efe.com/efe/espana/sociedad/en-espana-2-4-millones-de-personas-sufren-depresion-el-5-la-poblacion/10004-3188014. Consultado por última vez el 17 de enero de 2021.

** «Depresión», *op. cit.*

Así que también hay personas en el sistema de salud que creen que la depresión no existe, que es un capricho, que hay cosas más serias. Ese mensaje convence a las personas deprimidas de que no deberían buscar ayuda. Eso significa que las condenan a sufrir en silencio, a dejar que la desesperación crezca y, en las situaciones más trágicas, a morir sin haber sido ayudados. No es justo. Tenemos que evitar que eso siga pasando.

Debemos entender que el primer encontronazo con los prejuicios pasa en la misma mente de la persona deprimida. **No saber qué ocurre, no poder darle una razón tangible a la desazón, produce angustia.**

Uno empieza a sentirse inservible, inviable, como un niño malcriado que no es capaz de enfrentarse al mundo simplemente porque está triste. Jamás se le pasa por la cabeza ir al médico (¿para qué?), y no hay un lenguaje adecuado para explicarles a los demás lo que ocurre (¿cómo te voy a contar qué me pasa si ni siquiera yo lo sé?).

Una de las primeras tragedias de la depresión es una deficiencia comunicativa: **te quita las palabras y la capacidad de explicarle a la gente lo que sientes, y también de explicártelo tú mismo.**

Así pasan días, semanas, meses, años e incluso vidas enteras sin darle nombre al desespero, sin conocer que existe la posibilidad no solo de un diagnóstico, sino de un tratamiento para enfrentar las cosas.

El primer paso es reconocer que la depresión existe, es algo serio y requiere acudir a un médico. Aquí tienes las cifras que lo demuestran y también los testimonios. Te invito a que tú mismo hagas el ejercicio: pregúntale a las personas que conozcas qué historias tienen con la depresión. Te prometo que te hablarán de ellos o de personas a las que quieren. Si estás rodeado de gente que aún lo niega, ve más allá, busca en internet. Relatos es lo que hay, incluido el mío. Te lo digo con sinceridad: no estamos mintiendo. Ya quisiera yo que esto fuera un simple capricho, algo que se solucionara fácil. Pero esconder el problema no hace que desaparezca, solo empeora sus efectos. Pide una cita con un terapeuta, busca una línea de atención, compra alguno de los libros que te recomiendo, o incluso escríbeme un correo (al final encontrarás nuestras direcciones).

No reconocer que la depresión es real es similar a tener el brazo roto y decir que la fractura no existe, que el dolor «**solo está en la mente**». No te hagas ese daño. Mereces la oportunidad de estar mejor y de ayudar a las personas deprimidas a que tengan vidas más llevaderas, sin tantos prejuicios.

Capítulo

6

LA VIDA ES BELLA: APRENDE A DISFRUTAR LOS PEQUEÑOS PLACERES DEL DÍA A DÍA

La belleza del mundo y de la vida no te salvan de la depresión.

En mi caso, soy muy consciente de todo lo que me pierdo cuando la neblina no me deja ver más allá de mi desdicha. **Me duele cuando estoy presenciando algo bello, algo que sé que debería disfrutar, pero por dentro solo soy caos, desesperación y desazón.** De hecho, cuando veo algo particularmente hermoso, siento un dolor interno, una impotencia, una sensación de estar desperdiciando mi existencia por tener que pasar tanto tiempo resistiendo los peores impulsos de la enfermedad. ¿Por qué... por qué... por qué... no soy capaz simplemente de disfrutar del día a día, del milagro que es mi existencia, del hecho de que estoy vivo y puedo experimentar la belleza y el placer? ¿Por qué tengo que estar pensando en este momento en todo lo que está mal en mí en vez de simplemente estar y recibir los estímulos del universo?

EL PROBLEMA NO ES EL MUNDO, EL PROBEMA SOY YO.

En otros casos es imposible percibir lo bello de la vida, no porque no se vea, sino porque la persona con depresión no siente nada. Como escribió Solomon: «**Con el tiempo, uno llega a estar ausente de sí mismo**».* No solo de sí mismo, sino también del mundo.

Vivir el momento, como sugieren quienes invocan el *Carpe diem*, es inútil cuando cada instante está plagado de ansiedad, de pensamientos violentos, de aflicción.

Paradójicamente, algo que he visto en todas las personas con depresión con las que alguna vez me he cruzado es que la enfermedad les ha otorgado una sensibilidad mucho más afinada a lo maravilloso del universo, pero también a la melancolía que cargamos dentro. Como les ha tocado sufrir terrores tan irracionales, aprecian más los momentos de claridad en los que pueden simplemente estar tranquilos, tener conversaciones fluidas con las personas que los quieren, reconocer la fragilidad en los demás. Suelen estar más pendientes de las señales en los otros: reconocen cuándo alguien está mal, cuándo no se siente cómodo, cuándo puede estar cargando un peso

* *El demonio de la depresión*, p. 22.

existencial difícil de sacudir. Como saben de ansiedad, la acompañan mejor en quienes la sufren. Como entienden lo que es la agonía de no caber en el cuerpo propio, son más empáticos con quienes sienten lo mismo. Me parece que eso sugiere que el problema no es de percepción.

En *Lincoln en el Bardo*,* George Saunders, refiriéndose al Abraham Lincoln de su novela, que está en pleno duelo por la muerte de su hijo de tan solo once años, escribió una preciosa descripción de esta sensibilidad:

* *Lincoln en el Bardo*, de George Saunders (Booket, 2019) es un libro que no puedo dejar de recomendar. Saunders tiene la capacidad de escribir con una empatía que se siente sobrehumana, pero que en definitiva apuesta por la bondad que llevamos dentro. El duelo de Lincoln retratado en la ficción de este libro es un reflejo para cualquier persona con sufrimiento. Otra de mis frases favoritas del libro es dicha en coro y es un llamamiento a despertarnos: «Diles que estamos cansados de ser nadie, de hacer nada, y de no importarle a nadie, y de vivir en un estado constante de miedo» (p. 327).

«Su mente se había orientado recientemente hacia la tristeza; hacia el hecho de que el mundo estaba lleno de tristeza; de que todo el mundo sufría de alguna forma cierta carga de tristeza; de que todos estaban sufriendo; de que fuera cual fuera el camino que uno tomara en este mundo, había que intentar recordar que todos sufrían (nadie estaba feliz; todo el mundo había sido maltratado, abandonado, desatendido y malentendido), y por consiguiente había que hacer lo posible para aligerar la carga de aquellos con quienes uno entrara en contacto; de que su actual estado de tristeza no era exclusivamente suyo, ni mucho menos, sino que la misma aflicción la sentían, y seguirían sintiéndola, montones de personas más, en todas las épocas, en todo momento.»*

* *Lincoln en el Bardo*, p. 383.

La depresión nos conecta forzosamente con la existencia del dolor en cada persona.

TU TRISTEZA ES MÍA,
TU DOLOR TAMBIÉN.

Entender que nuestra existencia está plagada de sufrimiento es una invitación abierta a ser más generosos con los demás.

A veces, al caminar, siento que mi cuerpo se derrumba bajo la tristeza compartida de todos los seres humanos al tiempo, consciente de la tragedia eventual que significa existir. En esos momentos, en los ojos de los demás, en su caminar, puedo identificar cargas similares, dolores ocultos, angustias incesantes. Esto me permite reconocerlos mejor, entenderlos, querer regalarles una pizca de bondad. En el abismo de la depresión llegué a comprender por qué Ian Maclaren escribió su recomendación: «**Sé amable con todo el mundo, pues cada persona libra algún tipo de batalla**».*

* Aunque esta frase ha sido a menudo atribuida a Sócrates, una investigación reciente descubrió que su verdadero origen fue un artículo publicado en *The British Weekly*, la Navidad de 1897. Ian Maclaren era el seudónimo utilizado por el reverendo y doctor escocés John Watson. La investigación sobre el origen de la frase puede encontrarse en <*https://quoteinvestigator.com/2010/06/29/be-kind/*>. Consultada por última vez el 29 de diciembre de 2019.

Capítulo 7

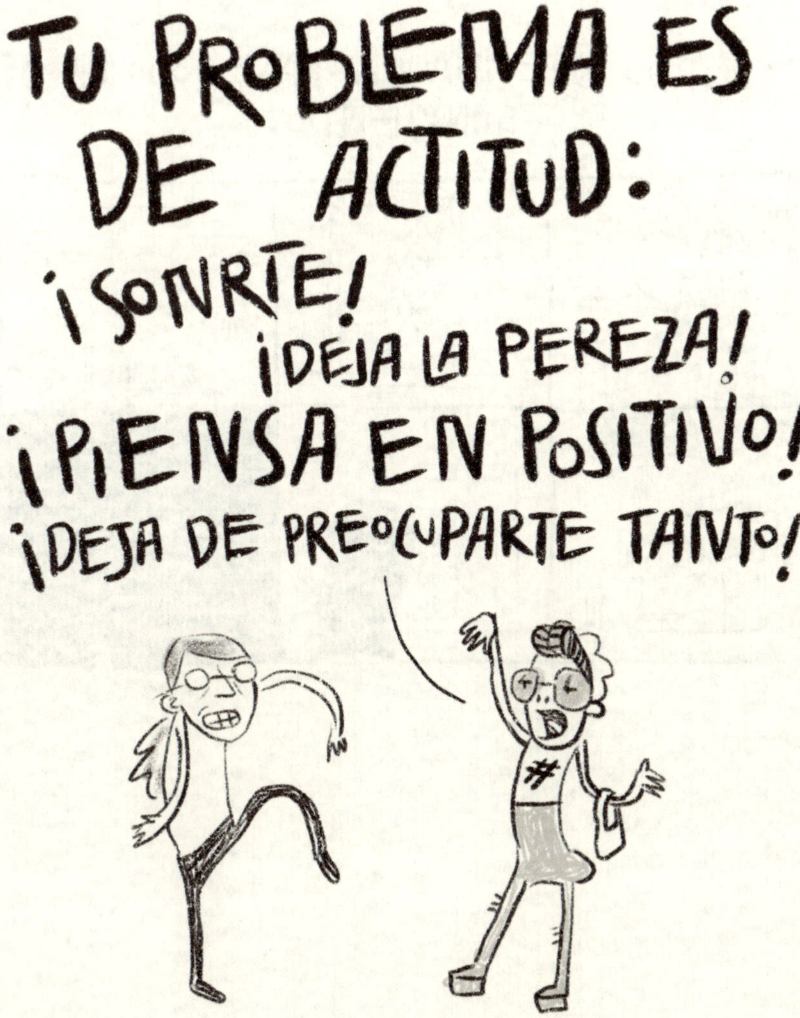
TU PROBLEMA ES DE ACTITUD:
¡SONRÍE!
¡DEJA LA PEREZA!
¡PIENSA EN POSITIVO!
¡DEJA DE PREOCUPARTE TANTO!

RECUERDO QUE UNA VEZ PASÉ TODO UN DÍA
—SONRIENDO—

Cada vez que recordaba que tenía que sonreír, forzaba los músculos de mi cara a dar una gran sonrisa. Era convincente. Había leído que incluso las sonrisas falsas reducen el estrés y bajan el ritmo cardíaco. También hacen que las personas lo perciban a uno mejor.

De todas maneras, al final del día me quería morir.

Además, me sentía más aislado, pues las personas con las que interactué creyeron que estaba mejor, pero solo estaba escondiendo mi desazón detrás de una sonrisa. Les mentí, me mentí y terminé sintiéndome más solo.

Para el artículo que te mencioné en el primer capítulo, hablé con la madre de una joven de diecisiete años que sufre depresión. Voy a parafrasearla:

Me cuesta ver a mi hija echada todo el día en la cama y no pensar que está siendo una perezosa. ¿Por qué no puede sacudirse y salir al mundo?

Para una mente sana, los síntomas de la depresión se parecen a deficiencias de carácter, a un problema de actitud: ¿cómo no va a poder levantarse de la cama? ¿Cómo no va a poder enviar el trabajo que le pidieron en el colegio? ¿Cómo es posible que le produzca una ansiedad paralizante tener que entregar un trabajo universitario a tiempo? ¿De qué le sirve estar preocupada y sufriendo todo el día?

Todas esas serían preguntas razonables si no estuviéramos hablando de una enfermedad. Si volvemos a la analogía del brazo roto, tal vez sea más fácil ver por qué son preguntas equivocadas: ¿cómo no va a poder levantar el brazo? ¿Cómo no va a poder escribir bien con el yeso? ¿De qué le sirve estar sintiendo el dolor del hueso roto?

También es útil para regresar adonde comenzamos este capítulo: **si sonríes, se arregla tu brazo roto. No funciona, ¿verdad?**

Muchas personas creen que todo se soluciona «pensando en positivo» y, en el proceso, cambiando de actitud. Pero si miras de cerca los síntomas de la depresión, uno de ellos, casi literalmente, es ser incapaz de tener pensamientos optimistas.

El monólogo interno de la persona deprimida está lleno de pensamientos circulares que le apuntan a la misma idea: no eres valioso, eres un fracaso, no deberías seguir respirando, no mereces nada bueno en ningún momento, todos lo saben, tú deberías saberlo también.

Una vez que empieza el impulso autodestructivo, es muy complicado interrumpir la cadena de pensamientos. El cerebro te dice una y otra y otra y otra vez que no eres suficiente, que deberías hacerte daño. También te empantana tu percepción de la realidad: empiezas a ver todo como si tuvieras unos lentes oscuros que solo te permiten observar los aspectos más nefastos de tu existencia y de la realidad. En otras ocasiones, esos mismos pensamientos

te convencen de que nada tiene sentido, que nunca vas a poder mejorar, que no hay motivos para seguir intentando cosas que puedan ayudarte. El común denominador de estas situaciones es el mismo: **la persona deprimida se encuentra indefensa e incapaz de detenerse.**

Entonces, pedirle que, en medio de esa crisis, «piense en positivo», es simplemente exigirle un imposible. No es cuestión de falta de voluntad. De hecho, apuesto lo que sea a que todas las personas deprimidas quisieran poder sacudirse sus sentimientos con un simple cambio de actitud. Pero el enemigo es aplastante y los círculos viciosos de pensamientos negativos te atrapan sin salida. He visto a personas nobles y brillantes completamente paralizadas e incapaces de existir por culpa de la depresión. Lo que les falta no es actitud ni voluntad.

OJALÁ FUERA ASÍ DE FÁCIL.

Lo mismo ocurre con la solicitud de no preocuparse. Como ya te conté en capítulos anteriores, lo que ocurre con la depresión es una de estas dos situaciones: o te importa en exceso cada detalle y cada situación que consideras que está mal en ti y en tu vida, o lo que sientes es una indiferencia profunda hacia todo.

En el primer caso, similar a los pensamientos negativos, es muy complicado romper los ciclos de concentración en los motivos de preocupación. Si estás obsesionado con tu cuerpo, como me pasa a mí, y con el hecho de que cualquier «imperfección» es una muestra de cómo no debería salir nunca a la calle para que nadie tenga que verme, «dejar de preocuparme» no es una opción razonable. Lo que se necesita, y esto es algo fundamental que aporta la terapia, es cambiar la manera en que nos relacionamos con esos sentimientos.

Un buen psicólogo o psiquiatra puede ayudar a la persona deprimida a desarrollar herramientas cognitivas para entablar un diálogo con esas obsesiones, aprender a dimensionarlas y, en última instancia, a tener compasión por uno mismo. Un proceso largo pero muy útil termina por interiorizar la idea de que «lo que tu cabeza te está diciendo sobre ti no es verdad».

Pero, como ves, la manera de llegar ahí no es dejando de preocuparse de un día para otro.

Para quienes no sienten nada y son presa del desarraigo, el problema es inverso. Lo que hay que entrar a identificar es cuáles son las dificultades que existen para conectarse con la realidad, para sentir algo en respuesta al mundo. Ese proceso también tiene que estar mediado por terapia y, algunas veces, como en mi caso, por medicamentos. Pero eso lo discutiremos más adelante. Lo importante aquí es que entiendas que no es cuestión de actitud, ni de preocuparse sin sentido, ni de sonreír. Hay que reconocer las raíces profundas del problema y que no hay respuestas sencillas para enfrentarlo.

Capítulo

8

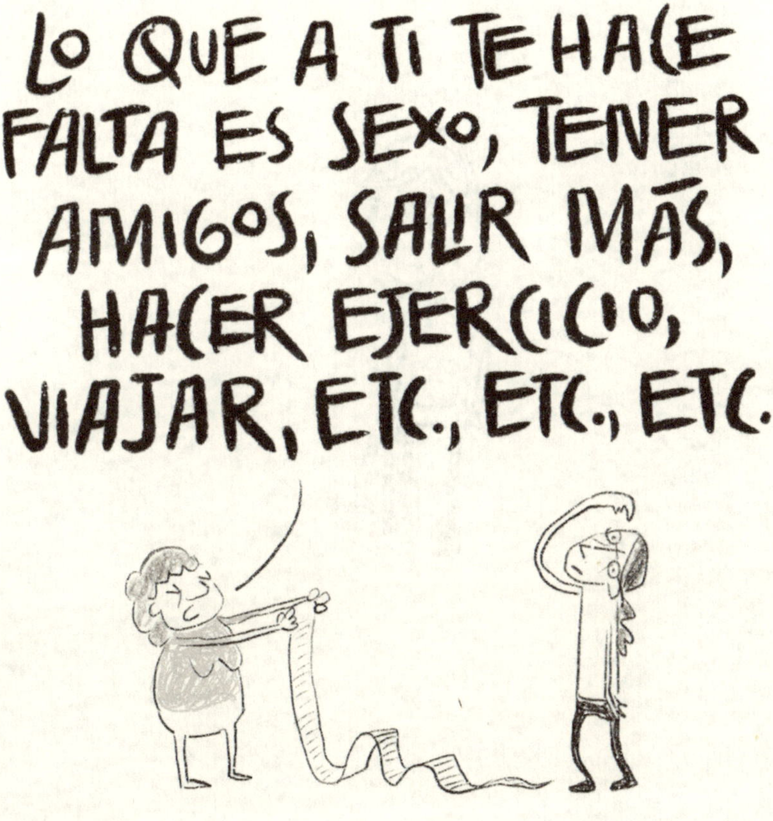
LO QUE A TI TE HACE FALTA ES SEXO, TENER AMIGOS, SALIR MÁS, HACER EJERCICIO, VIAJAR, ETC., ETC., ETC.

No es que cada una de esas recomendaciones sea indebida, sino que presuponen que el problema puede solucionarse únicamente con cambios de comportamiento o de creencias. Eso es una receta para la decepción y el desastre.

En *Aventuras en la depresión*, Allie Brosh explica por qué esto no funciona así:

> **Intenté salir más, pero la mayoría de las actividades supuestamente divertidas simplemente me dejaban con una confusión existencial o frustrada ante mi incapacidad de disfrutarlas.***

* Si quieres entender mucho mejor cómo funciona la depresión, Brosh tiene dos ensayos ilustrados que son sencillos, divertidos y contundentes. Los puedes encontrar en inglés en su blog aquí: <http://hyperboleandahalf.blogspot.com/2011/10/adventures-in-depression.html> y aquí: <http://hyperboleandahalf.blogspot.com/2013/05/depression-part-two.html>. Consultados por última vez el 29 de diciembre de 2019. También los puedes leer en español (junto con otros ensayos más) en su libro *Hipérbole y media: situaciones desafortunadas, maneras equivocadas de solucionar problemas, caos y otras cosas que pasaron*, traducido

Recuerda: uno puede estar haciendo absolutamente todo bien en su vida, y aun así estar sufriendo una depresión.

Por supuesto que tomar medidas para mejorar la vida ayuda. Incluso si no sirvieran para mejorar la enfermedad mental, comer bien, hacer ejercicio, meditar y el largo etcétera de recomendaciones pueden servir para que la persona sienta que tiene un poco de control sobre sus condiciones vitales.

El problema es cuando todas las esperanzas se concentran en esas recomendaciones. En ocasiones, incluso, es imposible hacer lo que nos piden. Veamos algunas de las razones para que veas cuáles son las dificultades a las que nos enfrentamos.

Sexo

El problema con el sexo es que la depresión suele traer consigo una reducción frustrante en la libido. En efecto, falta sexo, pero no hay manera de tenerlo si no existe el deseo, o si no se tienen las energías para hacerlo. Varios antidepresivos tienen también el efecto secundario de reducir las ganas. En un ensayo sobre su depresión, William Styron escribió que «la libido también hizo una salida temprana, como lo hace en la mayoría de las enfer-

por Joan Eloi Roca Martínez y publicado por Principal de los Libros. Brosh fue tal vez una de las influencias determinantes para que decidiéramos hacer este libro que tienes en las manos.

medades graves, es la necesidad superflua de un cuerpo asediado por la emergencia».*

Incluso en los casos donde no hay problemas con la vida sexual se llega a la misma conclusión: tener sexo no soluciona la depresión. La persona deprimida puede experimentar orgasmos, incluso puede tener relaciones íntimas profundas con sus parejas, llenas de significado. Pero eso no elimina los síntomas que hemos discutido en este libro, ni hace desaparecer las causas de la enfermedad, ni reemplaza procesos necesarios como la terapia.

Amigos

Tener amigos es algo deseable, por supuesto. Pero hay dos retos enormes ante esa sugerencia.

El primero es similar al que discutimos con la recomendación anterior: no hay energía. Cuando la mente está ocupada todo el tiempo manteniendo sus propios demonios bajo control, no hay manera de cultivar amistades, escribirle a alguien, escucharlo y hablar. La soledad no es voluntaria, sino una condena impuesta por el cuerpo y la mente que están fallando.

Además, la ansiedad que produce la depresión suele transmitirse a los espacios sociales. Esta es una conversación que tengo conmigo mismo cada vez que llego a una fiesta o reunión de amigos:

* *Depression*. William Styron, Vintage Minis, Random House, 2017, p. 44. La traducción es nuestra.

NO DEBERÍA ESTAR AQUÍ
TIENES QUE HACER EL ESFUERZO
PERO NO SÉ QUÉ DECIR
ALGO SE TE OCURRIRÁ
NO, PORQUE SOY UN IDIOTA
NO LO ERES
Y ADEMÁS TODO EL MUNDO SE VA A DAR CUENTA DE QUE NO SÉ AFEITARME BIEN
BUENO, PERO...
Y TAMPOCO SÉ VESTIRME, NI COMBINAR, Y ESTA ROPA ME QUEDA APRETADA PORQUE ESTOY GORDO, Y ADEMÁS NO TENGO NADA QUE DECIR PORQUE SOY UN IDIOTA Y SOY TORPE Y SOY INCÓMODO Y TODO EL MUNDO ME ESTÁ MIRANDO Y TODO EL MUNDO SABE QUE SOY UN FRAUDE Y TODO EL MUNDO SE SIENTE MAL CUANDO ESTÁ CONMIGO Y NO SÉ PARA QUÉ ME QUIERO ENGAÑAR Y...

YA TE HACES UNA IDEA.

No todas las mentes deprimidas funcionan como la mía. En otros casos, la persona puede estar con sus amigos, rodeado de gente que la quiere, y de todas maneras sentir un vacío profundo, angustiante. Está ida, quemando las horas y dejando pasar los momentos para disimular que está haciendo algo, pero la depresión sigue creando sus efectos perversos.

Lo segundo es que las personas, los amigos incluidos, no saben cómo reaccionar a la depresión. Cuando uno logra contarles cómo se siente, sus respuestas son... bueno, son todas las que están en este libro (¡por eso lo hicimos!). El resultado es que uno se siente juzgado, ignorado o, peor, aún más solo que si no hubiera hablado con alguien.

Salir más

La hija de Ingmar Bergman, Linn Ullmann, contó alguna vez esto sobre su padre: «Sin importar a qué hora te levantes, decía, sal a caminar y trabaja, porque los demonios odian cuando te levantas de la cama; **los demonios odian el aire fresco**».*

* Extraído de una entrevista que Ullmann le dio a *Vogue* en 1970 y que retomaron en *The Demons Hate Fresh Air*, Austin Kleon. Disponible en <https://austinkleon.com/2017/12/11/the-demons-hate-fresh-air/> y consultado por última vez el 28 de abril de 2020. La traducción es nuestra.

Es un buen pensamiento. A menudo lo repito en mi cabeza para forzarme a salir. A veces, es verdad, el aire fresco ayuda. Pero ya sabes para dónde va esto: no es suficiente porque el problema es mucho más profundo. Eso, sin hablar de los días en los que salir no es una opción porque la depresión te mantiene abrumado y atado a la cama, o al suelo, o al sofá, o adonde sea que te hayas estancado.

Hacer ejercicio

Similar al anterior, moverse ayuda. Todos los terapeutas con los que he hablado me dicen lo mismo: hacer ejercicio, salvo si se tiene una incapacidad física, es necesario. Cada vez que salgo a correr puedo sentir que mi mente se concentra y mis pensamientos son un poco más claros. En los mejores días, la sensación de estar haciendo algo por mi bienestar me hace sentir que tengo el control de mis sentimientos.

Pero el efecto no dura. Hacer ejercicio, en su mejor versión, sigue como mecanismo de contención para que la situación no empeore, pero no cura la depresión ni aleja todos los pensamientos negativos. En mis estados más agudos de la enfermedad, me ha pasado que salgo a correr y todo el tiempo estoy pensando en destruirme. Es una disonancia cognitiva extraña que me genera angustia, porque me hace sentir que mi depresión no tiene escapatoria.

Y así podríamos continuar con cada una de las recomendaciones que abundan. Viajar puede dar perspectiva, pero allí adonde vayas, también irá tu mente enferma. Como escribió Ernest Hemingway, «**no puedes escapar de ti mismo moviéndote de un lugar a otro**».*

* Ernest Hemingway, *Fiesta*, Barcelona, Penguin Random House Grupo Editorial, 2018.

Creo que la mejor recomendación que le puedes hacer a quien te buscó para contarte su situación es que vaya a terapia y, si es el caso, que reciba la medicación que le receten. **Eso, te lo aseguro, le ayudará muchísimo más que cualquiera de las soluciones que venimos discutiendo.**

POSDATA. Dicho lo anterior, quiero decirles algo a las personas deprimidas que pueden estar leyendo: se vale hacer todo lo que quieras para mejorar tu vida. Si encuentras alivio en alguna de estas actividades, adelante. Incluso si no son suficientes, todo lo que hagas para cuidarte y mejorar tu salud es un triunfo en la difícil tarea de sobrevivir a la depresión.

Capítulo

9

ESO SON LAS PASTILLAS, NO DEBERÍAS TOMAR ESAS COSAS
IBUPROFENO

GIRE
OPINIONEX
PLUS

Este tema es importantísimo. Todo el mundo tiene serias opiniones sobre los antidepresivos.

Tan pronto uno les cuenta que está tomando pastillas, o que el médico le recetó algo, empiezan a contorsionarse, poseídos por un espíritu de precaución absoluta y escepticismo radical.

Esas frases se las he escuchado a familiares, amigos, personas desconocidas en internet... e incluso a varios psicólogos con diplomas de universidades prestigiosas.

También se las he escuchado a personas que están lidiando con la depresión. **Muchas deciden enfrentar el horror sin medicarse porque el temor a lo que puedan traer las pastillas es mayor.**

Tenemos que hablar con sinceridad: sí, los antidepresivos **no son medicinas mágicas.** Tampoco están libres de efectos secundarios. Es un ejercicio frustrante porque todas traen consigo efectos no deseados: algunas te reducen el deseo sexual, otras te duermen, otras pueden empeorarte la ansiedad, otras tienen el riesgo de generar dependencia, otras te dan indigestión, otras te quitan el sueño.* A veces una sola pastilla genera todos estos efectos negativos. Y así podríamos continuar.

¿Pero entonces para qué demonios se las tomaría nadie?, me puedes preguntar y es una duda justa.

Tomamos los medicamentos porque también traen consigo muchos efectos beneficiosos. Cuando yo he entrado en procesos de confianza con psiquiatras que me

* El Servicio de Salud Nacional británico (NHS, por su nombre en inglés) tiene una buena página donde explica los efectos secundarios de los distintos tipos de antidepresivos. Lo puedes consultar aquí: <https://www.nhs.uk/conditions/antidepressants/side-effects/>. Consultado por última vez el 7 de mayo de 2020.

han diagnosticado el medicamento correcto en la dosis adecuada, y he seguido con juicio las recomendaciones de cuándo tomarlos, los efectos han sido notables. Por ejemplo, cuando estaba paralizado por la ansiedad y me los tomé, me encontré de repente con más energía y calma. En los momentos en que los pensamientos me estaban aplastando y no me dejaban dormir, me sirvieron para regular las horas de sueño y volver a sentirme como un ser humano funcional.

Como yo lo entiendo, **la depresión y sus síntomas son una tormenta en medio del océano** y el rol de los medicamentos es reforzar el bote en el que tú estás.

No te curan por su propia cuenta, no hacen que desaparezcan los rayos y la lluvia y la marea alta, pero te sirven de herramienta para resistir.

ESO NO QUIERE DECIR QUE EL USO DE ANTIDEPRESIVOS SEA SENCILLO.

En internet y en la vida real abundan las historias de personas que han tenido muy malas experiencias, o que sienten la comprensible frustración de que las pastillas no han sido suficientes para tener una mejoría en la vida.

Sin embargo, **esa no es razón para no tomarlos,** sino para que siempre estén acompañados de un psiquiatra con el que la persona deprimida pueda ir discutiendo los síntomas y los efectos secundarios que se vayan presentando.

Lo fundamental es que entiendas que las pastillas son útiles en los procesos de terapia y que el miedo a ellas lo único que consigue es privar a la persona deprimida de una herramienta que puede, si se administra bien, ayudarla a sobrevivir. Esto necesariamente nos lleva al capítulo siguiente: la importancia de la terapia y de perderle el miedo a esta.

Capítulo 10

NO SE TE OCURRA BUSCAR UN LOQUERO, QUE ESO ES PARA LOS DÉBILES

AYUDA

Todavía hay personas que miran la terapia con vergüenza, como si se tratase del reconocimiento de una derrota.

PERO ES TODO LO CONTRARIO.

Ir a terapia no es una señal de debilidad. Pedir y recibir ayuda es el acto de valentía más contundente que podemos tomar de cara a la depresión.

Es más: **todos deberíamos ir a terapia en algún punto de nuestra vida,** incluso si no sufrimos depresión.

Ir a terapia es darse un espacio para pensarse a uno mismo, para hacerse preguntas interesantes sobre la manera en que estamos viviendo, para interrogar a nuestros sentimientos, para identificar de dónde vienen nuestros dolores y encontrar una manera de reducir la desazón que nos produce el mundo, el día a día.

La terapia hace una promesa preciosa: no puede borrar los hechos traumáticos que nos pasaron, pero sí nos ayuda a recordarlos distinto, a reconciliarnos con lo que fuimos, a mostrarnos que merecemos alivio.

Aunque no lo creas, mereces alivio y estar en paz contigo mismo. Tú, que me estás leyendo,

MERECES CALMA.

Esto cobra particular urgencia cuando estamos hablando de una persona que tiene síntomas de depresión. La mejor respuesta que le puedes dar es: si quieres te ayudo a buscar un terapeuta.

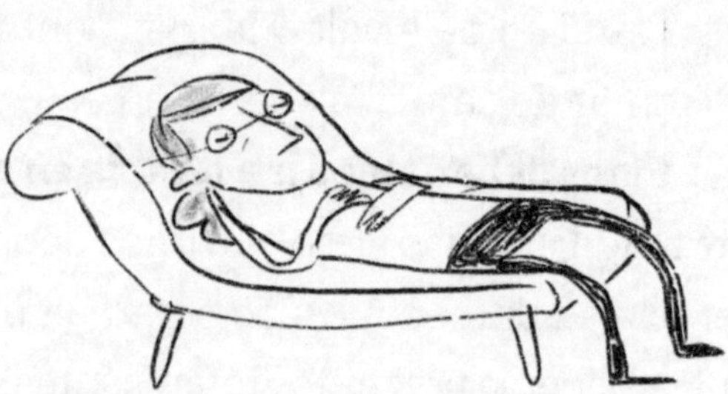

Encontrar un buen terapeuta es complicado. Requiere un ejercicio frustrante de prueba y error. Yo he pasado por muchos sofás y distintas aproximaciones a la terapia antes de dar con una persona con la que me siento cómodo, que me entiende y con la que estamos trabajando en equipo.

Son varias las personas que conozco que han tenido malos encuentros con terapeutas. Se han chocado con profesionales que las juzgan, las hacen sentir culpables, las incomodan. Es muy triste saber que los prejuicios que he venido denunciando en este libro también están presentes en algunos profesionales de la salud.

En otras ocasiones, simplemente no hay conexión entre el terapeuta y la persona deprimida. Es normal: **buscar terapia es como buscar una relación sentimental y profunda con alguien,** y sabemos que esto no se consigue tan fácilmente.

Por eso mismo, la persona deprimida necesita ayuda para no desfallecer. Porque si insiste e insiste, cuando halle un terapeuta adecuado habrá abierto la puerta a algo más importante: **la esperanza de mejoría.**

Una vez encontrado un terapeuta, viene otro paso complicado y es entender qué es lo que ocurre. La depresión es difícil de diagnosticar y de tratar. La ciencia moderna todavía no entiende del todo qué es lo que ocurre en cada una de las mentes. Como te conté hace unos capítulos, es una enfermedad tan compleja, de causas tan difusas, que no hay una manera fácil de tratarla. Cada cuerpo y cada experiencia son distintas. Como lo escribió Andrew Solomon:

> **No nos andemos con rodeos: en realidad desconocemos cuál es la causa de la depresión y no sabemos en qué consiste ni cómo se abrió paso a través del proceso evolutivo. Ignoramos por qué ciertos tratamientos pueden ser eficaces contra esa enfermedad y por qué ciertas personas se deprimen frente a circunstancias que a otras no las perturban en lo más mínimo.***

Además, William Styron nos hace una advertencia:

> **No todo el mundo va a responder de la misma manera en que yo lo hice. La depresión, debemos insistir constantemente, tiene tantas variaciones y tantas facetas sutiles —depende tanto, en síntesis, de la totalidad de las causas y respuestas de un individuo— que la panacea de una persona puede ser una trampa para otra.****

* *El demonio de la depresión*, p. 34.

** *Depression*, p. 67.

Por eso es tan importante que la persona deprimida esté acompañada de un profesional. **Mis mejores experiencias con terapeutas han sido una exploración en la que ambos, a partir de preguntas y reflexiones entre los dos, intentamos identificar qué es lo que ocurre.** En mi caso, hay una combinación de factores: tengo procesos químicos que no están operando como se supone que deberían en mi mente y eso está acompañado de una serie de situaciones traumáticas en mi vida con las que no he podido lidiar. Entonces, mi tratamiento obligatoriamente necesita el componente médico —las pastillas— con la terapia, donde hago ejercicios para neutralizar mis peores impulsos y adaptarme mejor a los obstáculos que tengo a diario.

La depresión nunca es sencilla, por eso nuestra respuesta a ella tiene que ser integral. Uniéndome a lo que discutimos en el capítulo anterior, las dos herramientas más poderosas que tiene una persona deprimida son la terapia y los medicamentos. ¿Todos necesitan ambos? No. Incluso los procesos de terapia a menudo cambian: utilizan pastillas un tiempo, luego las dejan y todo se va adaptando de acuerdo con las necesidades de la persona deprimida.

Volvamos a las analogías. ¿Le dirías a alguien con la pierna rota que no necesita una muleta? ¿Le dirías a alguien con una bacteria que no utilice antibióticos? ¿Le dirías a una persona con deficiencia auditiva que no se le vaya a ocurrir comprar unos audífonos? ¿Les dirías, además, que no vayan a fisioterapia cuando sea necesario para recuperarse? Bueno, ¿entonces por qué decirle a alguien con depresión que no utilice algo que está comprobado que lo ayuda a enfrentar su enfermedad mental?

TENEMOS QUE PERDERLES EL MIEDO A LA TERAPIA Y A LOS MEDICAMENTOS.

Todo esto te lo digo desde mis conversaciones con psiquiatras, psicólogos, personas que padecen enfermedades mentales y, por supuesto, mi propia experiencia. La conclusión siempre es la misma: se vale buscar ayuda.

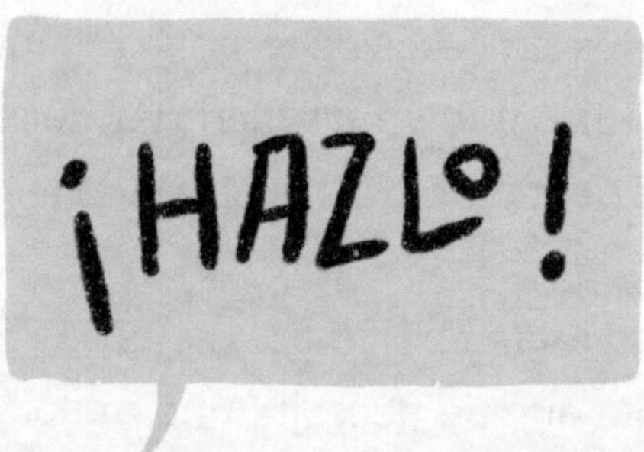

Capítulo
11

¿POR QUÉ NO ME LO HABÍAS DICHO ANTES?

NO TE LO DIJE ANTES
PORQUE NO PODÍA

No te lo dije antes porque no era capaz.

No te lo dije antes porque hablar me supone un esfuerzo monumental y me falta la energía.

No te lo dije antes porque, incluso si hablo, no sabría bien qué decirte. Estoy triste, sí, pero va mucho más allá de eso; tengo ansiedad, sí, pero no sé cómo explicarte la magnitud de mi angustia, el poder que ejerce sobre mí. ¿Sabes cómo se siente no sentir nada sobre nada y que esa ausencia de sentimientos te produzca desesperación?

No sabía cómo decírtelo.

No te lo dije antes porque **me daba miedo que me contestaras con lugares comunes, o me dijeras que estoy exagerando, o me explicaras que lo que me falta es cambiar de actitud,** o que me hicieras sentir mal por ser un ingrato, ya que hay tanta gente peor que yo en el mundo, y yo terminara sintiéndome más solo.

No te lo dije antes porque toda la vida me han enseñado a sentir vergüenza de mis sentimientos, a creer que las enfermedades mentales son de mentira, a no molestar a los demás con sentimientos que solo son espejismos.

La depresión te confunde, te aísla, te angustia y te arrebata el lenguaje. David Foster Wallace lo escribió así en un cuento:

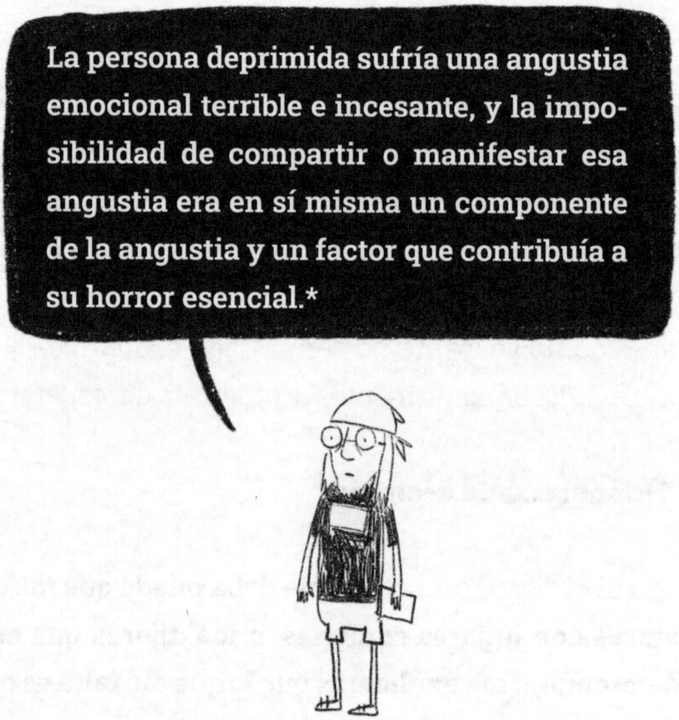

* David Foster Wallace, «La persona deprimida», cuento incluido en *David Foster Wallace Portátil: Relatos, ensayos & materiales inéditos*, Barcelona, Penguin Random House Grupo Editorial, 2016, p. 171.

Lamento no habértelo dicho antes, pero por favor no me hagas sentir culpable por la demora. Por lo menos ya estoy aquí y te estoy pidiendo ayuda.

Eso es lo importante aquí: si una persona llega a ti y te confía que se siente mal, que está deprimida, lo que está buscando es algún tipo de alivio, de ayuda, de acompañamiento. Como has visto a lo largo de este libro, es probable que quien te busque para hablar haya tenido que superar prejuicios propios y ajenos, además de la confusión que producen los síntomas de la enfermedad. Es probable que haya pasado bastante tiempo sufriendo en silencio, sintiéndose inadecuada, con su propia mente diciéndole que es una persona sin valor.

Superar todo eso y ser capaz de decirte «estoy deprimida» es un acto de valentía. Más que eso, es una rebelión contra todos los impulsos autodestructivos, contra la idea de que no hay motivos para confiar en alguien más, de que nunca la van a entender.

Por eso no deberías jamás recriminarla por haberse demorado un poco en contártelo. Más bien deberías escucharla y sentarte con ella a ahondar en sus sentimientos y en la magnitud de la enfermedad. Sobre eso hablaremos más adelante, cuando lleguemos al final del libro.

Capítulo 12

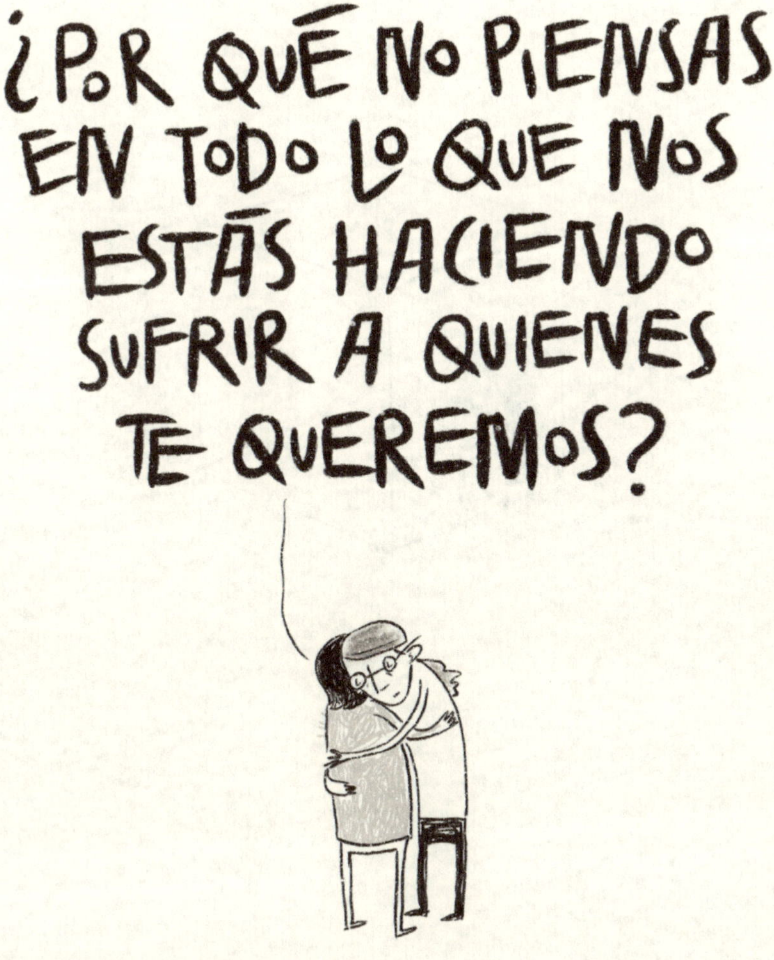
¿POR QUÉ NO PIENSAS EN TODO LO QUE NOS ESTÁS HACIENDO SUFRIR A QUIENES TE QUEREMOS?

Lo pienso.

LO PIENSO TODO EL TIEMPO.

No dejo de pensar en los rostros desilusionados de las personas más importantes de mi vida.

«**Lo siento**», dicen. Y es verdad. Se ve en el cansancio de su mirada, en los gestos de dolor que solo la empatía puede producir. «**Dime qué puedo hacer para ayudarte**», y ahí es cuando sé que la conversación ha llegado a su fin; no hay más palabras para continuar. «**Ojalá lo supiera**», les contesto, y con eso aterriza la oscuridad. Silencio.

Esa escena se repite una y otra vez. Ante mi tristeza irracional, abrumadora e incapacitante, la reacción de la gente que me quiere, que me escucha y que me sufre, es ofrecer su hombro para llorar y, en particular, sus palabras. Desean impulsarme, levantarme, ayudarme a recuperar la marcha. Se niegan a ver cómo me hundo. No pretenden darse por vencidos ante lo que no comprenden. Su forma de amar es con lealtad absoluta, queriendo construir las oportunidades que yo necesite para salir del estupor.

Y, aun así, fracasan. Siempre llegamos al momento en el que exclaman al cielo (o al infierno) que no saben qué decirme, que lo lamentan, que por favor les diga cómo podrían ayudarme. Ojalá supiera cómo poder detener la angustia que sienten y que siento.

NO ES TAN SENCILLO.

Una vez una mujer me dijo esto sobre su pareja que sufre depresión: «**Cuando intento acercarme, hablarle, puedo ver cómo lo que digo se estrella contra una especie de caja de cristal que lo rodea. Él me ve y yo lo veo, pero los sonidos son puro ruido blanco**».

El ruido puede ser blanco, pero el dolor es nítido. Al otro lado de la caja de cristal (o la campana, como la llamó Sylvia Plath),* las personas deprimidas vemos el sufrimiento de nuestras familias, amigos, parejas. Nos sentimos culpables. Nos sentimos apenados. Quisiéramos poder estar mejor de inmediato para no ser una carga más.

Aunque nosotros no elegimos nuestra enfermedad y, por ende, el sufrimiento de los demás no es decisión propia, su dolor sí es nuestro.

Uno de los aspectos más angustiantes de tener depresión es ver la reacción de las personas que nos quieren. Su frustración, sus silencios, su falta de comprensión.

CADA PERSONA DEPRIMIDA
LLEGA A SENTIRSE
COMO UNA CARGA.

* El relato de Sylvia Plath sobre su depresión es un excelente punto de partida sobre el tema, aunque no se lo aconsejaría a quienes estén sufriendo episodios autodestructivos. Sylvia Plath, *La campana de cristal*, Barcelona, Penguin Random House Grupo Editorial, 2019. En un momento, dice: «Respiré hondo y escuché el antiguo reto de mi corazón. Soy. Soy. Soy.» (p. 263).

A veces, cuando hablo con mi madre en un momento de crisis y la escucho cansada al otro lado de la línea, solo puedo pensar en lo mal que me siento por provocarle esa desazón. «¿Por qué tiene que aguantarme ella? Ella, que ha superado tantas cosas en la vida; ella, que me ama con admirable generosidad; ella, que ya tiene suficientes razones para preocuparse como para tener que estar lidiando con la enfermedad compleja e invisible de su hijo, que cada tanto la trata mal porque no sabe cómo comunicarse.»

Lo mismo me ha ocurrido con parejas, con amigos, con cualquier persona que me ha profesado su amor. En el tema de la depresión, al estrellarnos contra la frustración de no saber qué hacer, les veo el dolor que les produce y me siento culpable. Quisiera decirles que lo lamento, que no es mi intención, que yo también quisiera que entre nosotros no existiera esta sombra abrumadora.

Tal vez es necesario regresar a la analogía de las enfermedades físicas. Si estuviera diagnosticado con un cáncer, ¿eso les causaría dolor a las personas cercanas a mí? Sin duda. ¿Me sentiría culpable? Es probable. ¿Tendría razón en sentirme de esa manera? No. Además, y esto es lo más importante, pensar en el dolor de los otros no va a hacer nada para curar mi enfermedad. Lo mismo ocurre con la depresión.

La frase «piensa en el dolor que nos causas» es un acto de frustración que entiendo. **Es un reclamo que esconde la sensación de que la persona deprimida no está haciendo todo lo posible para mejorarse.** Pero no ayuda y, como tantas otras cosas que venimos discutiendo, lo único que consigue es causar más dolor. ¿Qué tal si dejamos de pensar en el dolor de los demás como algo ajeno y confrontacional? Una mejor respuesta sería: ¿por qué no pensamos cómo superamos juntos, las personas deprimidas y las personas que nos quieren, este dolor que cargamos dentro?

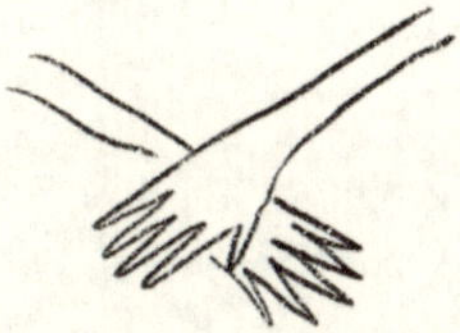

Capítulo

13

BUENO, BUENO, BUENO, ¿Y ENTONCES QUÉ LE DEBERÍA DECIR A UNA PERSONA DEPRIMIDA?

OJALÁ SUPIERA QUÉ CONTESTARTE.

No hay una respuesta sencilla, pero aquí te dejo algunas ideas que pueden servirte. Cada mente es tan especial, cada relación entre las personas, tan compleja, que no hay una forma infalible de reaccionar cuando alguien te confiesa que está deprimido, o te cuenta que está en una crisis.

Lo mejor que puedes hacer es escuchar. Escuchar de verdad.

Eso implica no decirle a la persona deprimida todo lo que está haciendo mal en su vida, no cuestionar la validez de sus sentimientos, no regañarla, no decirle que todos tenemos tristezas y que es una etapa que ya pasará, no empezar a dar consejo tras consejo tras consejo.

Eso, como ya he dicho varias veces en este libro, solo va a conseguir que la persona se arrepienta de haberte contado.

Entonces, lo primero que deberías hacer es evitar los errores que hemos visto en los capítulos anteriores. Sé que tu impulso va a ser gritarle alguna de esas respuestas, y eso es normal: así funcionan las mentes que no han experimentado la depresión, así nos ha enseñado la sociedad que es la manera correcta de reaccionar al sufrimiento y a la tristeza. Pero el solo hecho de que alguien te cuente que está deprimido y que tú no le contestes con estas frases, créeme, es un gran paso.

Ahora, la idea no es que te quedes ahí.

Intenta frases distintas que muestren tu empatía, que le digan a la persona deprimida que te importa y que puedes ser un refugio para ella. Considera contestar de la siguiente manera:

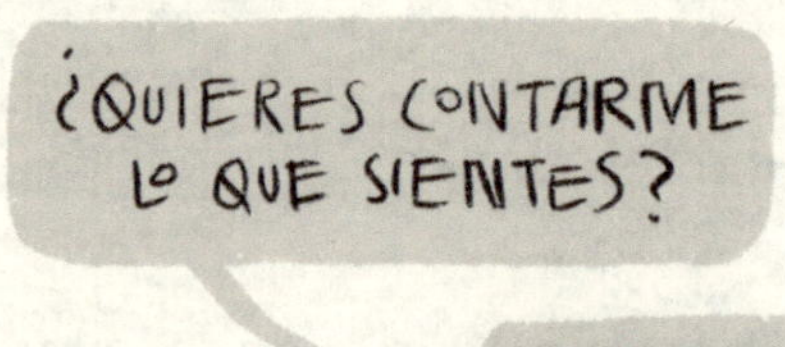

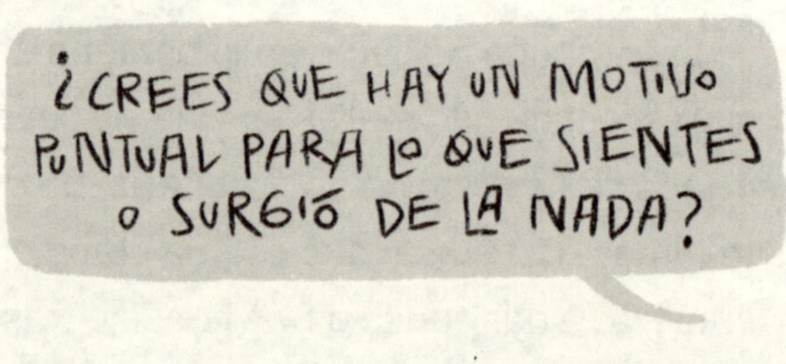

NO PUEDO DECIRTE QUE SÉ LO QUE SIENTES, PERO VEO TU SUFRIMIENTO Y TE ACOMPAÑO
NO PASA NADA SI NO PUEDES HABLAR, PODEMOS ESTAR EN SILENCIO
SI QUIERES PUEDO PEDIR UNA CITA POR TI Y ACOMPAÑARTE AL MÉDICO
PUEDES SENTIRTE ASÍ, NO ES CULPA TUYA
ERES UNA PERSONA VALIOSA, AUNQUE TU MENTE DIGA LO CONTRARIO
AQUÍ ESTOY
NO ESTÁS SOLO

La depresión exige llevar nuestra empatía a territorios desconocidos. El primer gesto de respeto y aprecio con la persona deprimida es abandonar el instinto que nos hace creer que podemos «salvarla»; que, con una frase, con una nueva perspectiva, será suficiente para sacarla del dolor.

No la juzgues ni la hagas sentir juzgada. No le digas lo que está haciendo mal ni le sugieras que lo que siente es falso. Créeme: si su mente está funcionando para destruirla, lo que le digas para intentar sacudirla solo servirá para que se sienta peor.

Una estrategia esencial es preguntar: «¿Cómo sientes que podría ayudarte?». Si la persona no sabe —porque casi nunca lo sabemos—, dile que está bien, que pueden explorar opciones juntos para hacerle más llevadera la situación.

Voy a hacer una lista de actitudes que puedes adoptar y respuestas que tienes a tu disposición si quieres ser una mejor compañía, además de lo que ya te he dicho:

1. **Reconoce el dolor de la persona deprimida.** Por ejemplo, dile: «Debe de ser muy difícil sentirse de esa manera». ¡Porque lo es!

2. **No intentes contradecir las razones de su depresión.** Solo escucha, escucha y escucha.

3. **Haz preguntas:** «¿Quieres contarme más?», «¿querrías explicarme más ese sentimiento?». De esta manera puedes demostrarle que te importa lo que ocurre y le das una oportunidad de intentar aclarar un poco su mente.

4. **Demuéstrale que estás escuchando** de verdad al responder directamente a todo lo que ha dicho.

5. **No te apresures ni la apresures.** Si la conversación se bloquea, no hay problema. Si hay que tomarse descansos, hazlo. Si en algún momento la persona deprimida se frustra contigo, no lo tomes como algo personal, sino como una alerta de que debes demostrarle que puedes entender lo que ocurre.

6. **Sé sincero.** Es lícito que le cuentes a la persona deprimida las cosas que te cuesta comprender, también que le confieses tus sentimientos, siempre y cuando no lo hagas a manera de reclamo. Intenta que todo lo que le digas sea una invitación para enfrentar juntos la enfermedad.

7. **No la presiones en exceso** con la opción de acompañarla a terapia. Para muchos, aceptar ir a buscar ayuda es un proceso largo y difícil. Si esa es la única solución que repites una y otra vez, lo que vas a lograr es que la persona se cierre a la idea.

8. **Dale permiso** a la persona deprimida de ser incoherente, de contradecirse, de no saber qué decir. Es probable que necesite tener un espacio en el que pueda dejar salir a flote todos esos sentimientos y que todavía no lo haya encontrado.

9. **No entres en pánico** si te confiesa ideas autodestructivas. Escucha y dile que estás ahí para ella.

10. **Prepárate** para un camino largo y lleno de frustraciones. Pero, por favor, no desfallezcas.

Reconocer la magnitud del sufrimiento, lo difícil que es entender las millones de formas en que nuestras mentes se quiebran, es la mejor respuesta. La enfermedad requiere humildad de quien la padece, pero también de todas las personas que lo rodean.

Aceptemos el miedo que produce la fragilidad, renunciemos a las respuestas fáciles y emprendamos juntos la travesía de aprender a sobrevivir la depresión.

No hacer daño es un gran regalo que nos estás dando al hacerte estas preguntas y mejorar tu actitud. De corazón: gracias por estar aquí y querer ser mejor para quienes tenemos depresión.

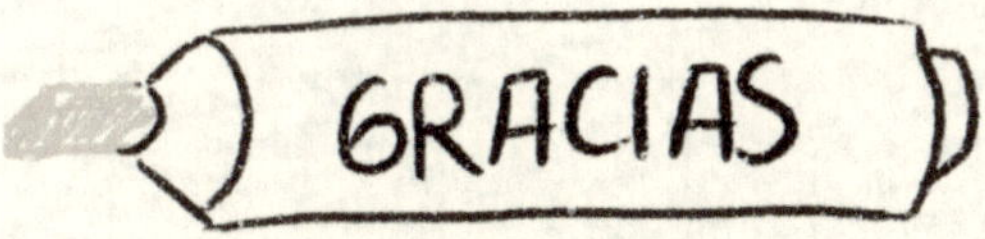

ANTES DE QUE TE VAYAS

Queremos agradecerte que le hayas dado una oportunidad a nuestro libro ilustrado. Ojalá te sirva para tener mejores conversaciones con las personas que quieres y que te quieren, y también con extraños. A ver si por fin dejamos de creer que la depresión es un espejismo.

Te pedimos un último favor: regala este libro. Préstalo. Déjalo en un lugar donde alguien más lo pueda encontrar. Lo hicimos para que llegue a la mayor cantidad de ojos posibles. Todos cargamos dentro el dolor de una depresión, o de querer a una persona que la sufre. Este es un pequeño recordatorio de que no estamos solos.

Si quieres, nos ayudarías mucho dejando una reseña honesta de este libro en Goodreads, Amazon o alguna de las redes sociales que tengas.

Nos gustaría saber de ti. Escríbenos sobre tu experiencia con la depresión, o sobre lo que quieras. Estos son nuestros correos: jkrincon@gmail.com y hola@lache.co.

RECUERDA QUE RESISTIR ES DIFÍCIL, PERO ES LA ÚNICA MANERA DE CREAR MAGIA. ES LÍCITO BUSCAR AYUDA.

LO MERECES

Con todo el cariño que tenemos en el cuerpo,

CECILIA Y JUAN

AGRADECIMIENTOS

Este libro no podría existir sin la confianza, la lectura juiciosa y las correcciones firmes de Natalia Jerez Q., nuestra editora y cómplice. A ella y a todo el equipo de Penguin Random House les queremos dar las gracias por haber apostado por nosotros y por este proyecto.

También queremos agradecer a Carolina López, quien con abrumadora generosidad recibió el manuscrito y nos ayudó a encontrarle un hogar.

Gracias a Alejandra Bernal Yepes, quien nos ayudó a pensar y organizar las frases que terminaron sirviendo de espina dorsal para el libro final.

Gracias a Viviana Bohórquez Monsalve, quien fue un apoyo invaluable para insistir y seguir insistiendo.

Gracias a Ana María Pedraza y Sorayda Peguero Isaac por sus comentarios siempre agudos.

Gracias a María Paulina Baena, Juan David Torres y Cindy Bautista por haber servido para rebotar ideas (y por ayudarnos a no naufragar).

Gracias a Maru Lombardo, quien sugirió el epígrafe, y a Nora Picasso, por el apoyo.

Gracias a Rubén Barboza por ser siempre hermano.

Gracias a María Gabriela Escalante, quien a pesar de los días difíciles, que han sido muchos, ha persistido.

Gracias a Juan Carlos Rincón Restrepo por todas sus lecciones.

Gracias a Fidel Cano por habernos ayudado a creer en nosotros.

Gracias a todas las personas que compartieron con nosotros sus historias con la depresión. Gracias por resistir.

Y gracias a Mara y Miley, las gatas de Juan, por dejarlo dormir con ellas.